Mit dem Fahrrad nach Jerusalem

Als Pilger auf den Spuren der Kreuzritter

von
Alfred Dünner

Alfred Dünner

Mit dem Fahrrad nach Jerusalem

Als Pilger auf den Spuren
der Kreuzritter

ISBN 3-927894-40-0

Bildnachweis:
Alle Zeichnungen sind persönliche Reiseskizzen
von Alfred Dünner.

Alfred Dünner
Mit dem Fahrrad nach Jerusalem –
Als Pilger auf den Spuren der Kreuzritter

1. Auflage 2004
Herausgeber: Verlag "Der Christliche Osten" GmbH
Schriftleitung: P. Dr. Gregor Hohmann OSA, Dietmar Süssner,
Grabenberg 2a, 97070 Würzburg

Inhaltsverzeichnis

Vorwort

Wer pilgert noch in einer Zeit, in der "Spaß" und "Wellness" den Lebensrhythmus diktieren?

Die "Wellness-Welle" boomt! Ganz Deutschland ist auf dem "Wohlfühltrip"! Die Begriffe "Event", "Lifestyle" und Wellness" sind nicht nur zum festen Bestandteil der Alltagssprache von Jugendlichen geworden, sondern finden sich zunehmend und vor allem dann auch im Sprachrepertoire der Politiker, wenn diese sich auf Wahlkampftournee befinden. Die Tagespresse wusste unlängst zu berichten, dass es in keinem anderen Land der Welt eine vergleichbare Dichte an Wellnesseinrichtungen gibt und dass die Wellnessbranche seit Jahren fast gleichbleibend hohe Zuwachsraten verzeichnen kann. Die Renner sind Wellnesstrips von drei bis vier Tagen.

Auch ich berichte von einem "Wohlfühltrip", von neun Wochen einer Therapie des Leibes und der Seele, die mir ein Glücksgefühl und ein Wohlbehagen bescherte, denen kein "Wellnesstrip" und auch nicht der "absolute Kick" eines Extremsportlers gleichkommen können. Ich spreche von einer Pilgerreise mit dem Fahrrad vom Rhein zum Jordan, von Bergisch Gladbach nach Jerusalem, und mein Tagebuch lädt dazu ein, an meinen Erlebnissen vom 3. Juli bis zum 4. September 2000 teilzunehmen.

In unserer Welt ist es nicht leicht, einem größeren Leserkreis zu vermitteln, dass eine Wallfahrt das "Bedürfnis nach Wohlbefinden" befriedigen kann, dass die

Mühen einer Pilgerfahrt Freuden bereiten und denjenigen, der sie auf sich nimmt, in "Champagnerlaune" versetzen können. Die große Zahl erfahrener Pilger, vor allem Jakobspilger, zu denen ich mich auch zähle, wissen wovon die Rede ist und stimmen mir zu, wenn ich sage: Das Glücksgefühl einer christlich motivierten Reise hat eine weit größere Wirkung und ist von ungleich längerer Dauer, als sie jemals ein Wellnesstrip bewirken kann. Dabei muss heute in der – nur vermeintlich – so rationalen Welt ein Pilger keineswegs befürchten, in den Ruch des Aberglaubens zu geraten. Nicht nur kirchengebundene, sondern viele andere seriöse Reiseveranstalter nennen sechsstellige Teilnehmerzahlen im Zusammenhang mit denen von ihnen organisierten Wallfahrten. Und obgleich ein Trend von der klassischen, individuellen Pilgerreise hin zu eher religiös motivierten Studienreisen nicht zu verkennen ist, sind die Fahrten mehr als nur ein Transport zu und von einem interessanten Reiseziel.

Falsch und ungerecht wäre es auch, die individuell reisenden Pilger pauschal als religiöse Sonderlinge oder gar als "Spinner" zu diffamieren, wenngleich nicht in Abrede zu stellen ist, dass eine besondere Note ihre Wallfahrten kennzeichnet: Sie gehen "mit der Seele auf Reisen" und sind insofern durchaus "verrückt" zu nennen, als ihr Weg im Sinne des Wortes von der Normalspur anderer Reisenden "ver-rückt" ist.

Zur Renaissance der Wallfahrten sei hier nur kurz vermerkt, dass es nicht genügt, das Anwachsen allgemeingesellschaftlicher Probleme, die Zunahme der Vereinsamung vieler Menschen und die immer bedrängender werdende soziale Kälte als Ursache zu nennen. Es muss darauf verwiesen werden, dass Wallfahren und Pilgern in allen Religionen ein wesentliches Element nicht nur der Volksfrömmigkeit darstellen und dass im Rückblick auf Pilgerstätten, die Pilgerstraßen, die Pilgertraditionen beredte Zeugnisse der Kulturgeschichten der Völker sind. "Wallfahrt" ist ganz besonders im religiösen Selbstverständnis des Christen der lebendige Ausdruck dafür, dass der gläubige Mensch sich immer "unterwegs" weiß "in Richtung auf das ihm von Gott gesetzte Ziel". Das Volk Gottes braucht, wie Kardinal Joachim Meisner einmal sagte, immer wieder "solche gemeinsame Aufbrüche", um sich der eigenen Berufung zu vergewissern, nämlich Menschen auf dem Weg zu Gott zu bleiben. – Es ist ein Aufbruch aus dem profanen, säkularisierten Alltag, eine Gegenbewegung zur nur vernunftorientierten Welt, in der man die Nähe Gottes nur selten spürt.

Was veranlasst heute einen Pilger, den Spuren der Kreuzritter zu folgen?

Seit dem ausgehenden Mittelalter wurde von Jerusalempilgern aus verschiedenen Gründen der Landweg gemieden. Wer daher das Wagnis unternimmt, sich mit dem Fahrrad auf den Weg nach Jerusalem zu begeben, hat auch heute nur die Möglichkeit, der Route der Kreuzfahrer des 11. bis 13. Jahrhunderts zu folgen. Die äußeren Begleitumstände der Reise eröffnen dann jedoch völlig neue Perspektiven für die Beurteilung der unter Historikern zwar umstrittenen, für die Geschichte des Mittelalters und für das Verständnis grundsätzlicher Fragen der Neuzeit aber ohne allen Zweifel bedeutsamen Kreuzzüge. Aus den Ruinen der Kreuzritterkastelle darf nicht geschlossen werden, dass die Berichte der

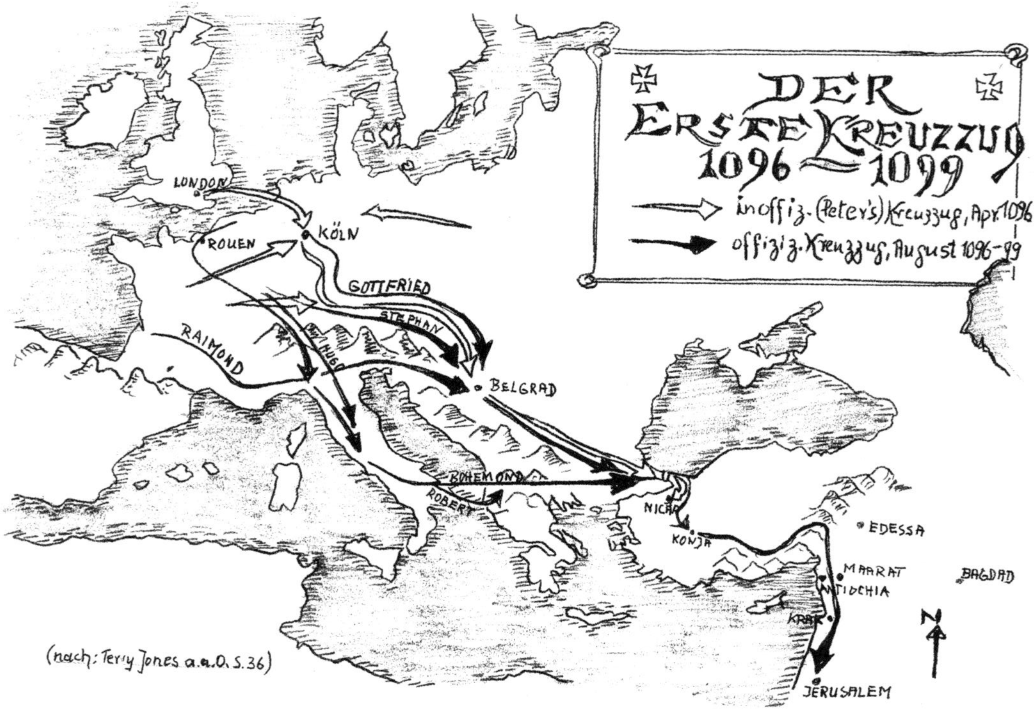

Die Route der Kreuzfahrer des 11. bis 13. Jahrhunderts

Kreuzzüge ihrem Inhalt nach nur zu verstehen sind als romantisierende Erzählungen. Sie sind mehr als Legenden, mehr als Notizen über die letzten Beutezüge der Völker des Nordens, mehr als der Beleg für die Existenz Tod und Schrecken verbreitender christlicher Gotteskrieger und mehr als der Beweis dafür, dass Venedig es verstanden hat, mit Kreuzrittern als Söldnertruppen dem Rest des Imperium Romanum den Todesstoß zu versetzen. Sie sind zumindest auch eine großartige Manifestation des Glaubens und der Tapferkeit, des Gottvertrauens und eines eisernen Durchhaltevermögens, wenn diese Worte heute noch etwas bedeuten und ausgesprochen werden dürfen.

Warum setzt sich jemand das Ziel, 5300 Kilometer mit dem Fahrrad zu bewältigen?

Was ich in meinem Pilgertagebuch festgehalten habe und mit dieser kleinen Schrift meinen Lesern mitzuteilen beabsichtige, ist mehr als eine Chronologie der Fahrradtour. Es ist der Versuch, das Erlebnis einer Reise in die Gegenwart einer anderen Welt, in die Vergangenheit unserer eigenen Geschichte und in das Innere eines Pilgers zu spiegeln. Das Fahrrad ist dabei das Vehikel zur Wiederentdeckung der Langsamkeit, ein Instrument, das Distanz und Zeit verändert und Zutritt verschafft zu neuen, dem Autofahrer verborgenen Welten. Zugleich aber ist es für den Wallfahrer, der nicht wie früher in Sack und Asche pilgert, das geeignete Mittel zur Ausübung einer selbst auferlegten Buße.

Skizzenblock und Bunt- und Tuschestifte verschafften die Möglichkeit, wie in früheren Zeiten erinnerungswürdige Augenblicke und Begegnungen festzuhalten.

Tagebuch einer Pilgerfahrt

1. Ein trister Anfang

3. Juli 2000:
Gestartet wird montags. Das garantiert einen vorausgegangenen Ruhetag.

Die Pilgerfahrt beginnt vor meiner Haustür in Bergisch Gladbach. Ich steige nicht wie manche Reisende, die ein fernes Ziel haben, mit dem Fahrrad ins nächstbeste öffentliche Verkehrsmittel, um die Heimat schnell hinter mir zu lassen und um bald die Fremde zu erreichen. – Die Grenzen des Alltags und des Gewohnten zu überschreiten, versuche ich schon mit dem ersten Tritt in die Pedale. Ich will mich dem Zugriff des Spirituellen und der geistigen Neuigkeiten möglichst bald öffnen. Mit dieser ureigenen Wallfahrtspraxis habe ich auf meinen Pilgerfahrten nach Santiago de Compostela vor fünf Jahren wie auch nach Rom und zu den Santuarios Süditaliens und Siziliens vor drei Jahren gute Erfahrung gemacht. Wenn der "Weg" für den Wallfahrer schon das "Ziel" ist, dann soll auch meine Heimat dazu gehören, zumal dieser Landstrich, wie die vom Landschaftsverband Rheinland unlängst aufgestellten Stelen in Altenberg, Schildgen und Spitze bei Dürscheid bekunden, schon im Mittelalter als Pilgerroute nach Santiago diente. – In diesem Zusammenhang soll auch an die Jerusalempilger erinnert werden, die als Kreuzritter im 12. Jahrhundert nur wenige Kilometer nordwestlich von Bergisch Gladbach entfernt von ihrer neuen Burg an der Wupper starteten und sicherlich – so war es guter Brauch – im Kloster Altenberg den Pilgersegen des Abtes ("... und dann fahrt in Gottes Namen!") holten: Graf Adolf II. von Berg schloss sich mit einem seiner Söhne im Jahre 1147 n. Chr. dem Kreuzritterheer Kaiser Konrads III. und König Ludwigs VII. von Frankreich an. Dieser 2. Kreuzzug nahm bei der Belagerung von Damaskus ein klägliches Ende. Der Sohn Adolfs II. fand den Tod. – Der Enkel Adolfs II., Graf Engelbert von Berg, brach im Frühjahr 1198 im Heer Barbarossas zum 3. Kreuzzug auf. – Auch er wird, wie Graf Adolf II., mit seinem Gefolge entlang des Rheins und dann durchs Frankenland in Richtung Regensburg gezogen sein, wo sich eine gewaltige Streitmacht sammelte. – Graf Engelberts Kreuzzug endete schon in Braniza in Serbien. Er starb Ende Juni 1189 (Schönneshöfer, a. a. O., S. 71, 76). – Diese Erinnerungen an mittelalterliche Pilger aus meiner unmittelbaren Heimat sind ja nicht gerade ermutigend, aber ich bin kein Kreuzritter, der sich mit Waffengewalt den Weg nach Jerusalem freikämpfen muss!

Der Weg am ersten Tag ist zunächst derselbe wie vor drei Jahren auf meiner Pilgertour nach Rom und Sizilien. Er ist dies aber nur dem Verlauf des Weges nach. Heute ist der Himmel wolkenverhangen, das Fahrrad offensichtlich schwerer beladen. Meine Beine sind trotz eifrigen Trainings steifer, und meine Euphorie lässt gänzlich nach, als ich nach etwa drei Kilometern merke, dass mein Hinterrad einen kleinen Höhenschlag hat.

Mit einem für Pilger recht unziemlichen Kraftausdruck mache ich mir Luft. Das ändert aber nichts am Radschaden. – Wenn der Schlag schlimmer wird, kann ich ja in Remagen bei der Firma Schauff, der Herstellerfirma meines Fahrrads, das Hinterrad auswechseln. – Dann fällt mir ein, dass mein Fahrrad, das ich bislang nur für lange Überlandtouren nutzte, wohl an die zwei Jahre unbewegt auf einem Fleck stand und nicht fachgerecht aufgehängt war. Eine dadurch bedingte Ausbeulung der Mäntel wird, so tröste ich mich, der Grund für die Unwucht sein. Eine Kontrolle der Räder am Abend bestätigt meine Vermutung.

Im Übrigen merke ich bald die Schäden der Stürme der letzten Tage. Die Schleichwege sind nicht befahrbar. Bäume versperren den Weg. – Das fängt ja gut an!

Mittags bin ich – wie vor drei Jahren – in Andernach. Am Nachmittag kommt endlich die ersehnte Sonne. Unterhalb von St. Goar fahre ich einen Campingplatz unmittelbar am Rhein an. Als ich mein Zelt aufschlage, kommen die ersten Winde auf. Aber das wird in der Nacht nicht das Problem, sondern die in kurzen Abständen vorbeiratternden Züge: Wenn auf der einen Seite des Rheins Ruhe ist, stört ein Zug von der anderen Seite.

4. Juli:
Ausgeschlafen bin ich nicht, als ich frühmorgens aufwache. Aber am Zelt und an der Luftmatratze hat es nicht gelegen. Diese haben ihren guten Einstand gegeben. Der zweite Tag wird fast zum Albtraum. Die Fahrt durch die Obstplantagen zwischen Bingen und Mainz ist das einzig Positive. Dann beginnt ein mehrstündiger Regen. Es fängt an zu nieseln, aber dann ... Schließlich bleibe ich unter einer Brücke in Mainz mit knurrendem Magen stehen. Und dann läuft alles schief. In der Innenstadt verliere ich die Orientierung, bis freundliche Passanten mir weiterhelfen. Wenn das schon "am grünen Holze passiert" ...?

Gegen 18.00 Uhr habe ich von diesem Tage die Nase voll. Ich gehe auf Zimmersuche. Preiswert soll es nach Pilgerart sein. Man verweist mich auf ein Naturfreundehaus. Das steuere ich an. Es scheint ein piekfeiner Laden zu sein. Die männliche Bedienung in schwarzem Kellneranzug! Und prompt werde ich – triefend nass natürlich – hinauskomplimentiert, als ich nach einem Zimmer oder nach einem Zeltplatz frage. – Und das nennt sich Naturfreundehaus!

Durch ein herrliches, aber regennasses Waldgebiet geht es, nachdem ich mich beim Förster nach dem Weg erkundigt habe, weiter nach Ottenthal. Nach 130 km endlich die wohlverdiente Ruhe in einem Hotel! – Ein kurzer Schwächeanfall auf dem Zimmer signalisiert, dass ich mir am Anfang der Fahrt zuviel zugemutet habe. Ich will die Warnung ernst nehmen und in den folgenden Wochen – ich füge dies hier ein – wiederholt sich Ähnliches nicht noch einmal.

Und nun zum Begleitthema meiner Pilgerfahrt "Auf den Spuren der Kreuzritter": Von Köln bis Mainz war ich auf der Reiseroute der inoffiziellen ersten Kreuzzugsarmee. Am 10. April 1096 traf in Köln Peter von Amiens, auch Peter der Einsiedler genannt, ein. Es folgte ihm, dem Magier auf dem Esel, "eine ganze Armee von Strolchen, Tagedieben, Desperados, von Hemd- und Hirnlosen" (R. Pörtner, a. a. O., S. 33), von Gläubigen und Spöttern, Männern und Frauen, von Kindern, Alten und Behinderten, von hungernden Bauern, die ihre kärgliche Scholle in Frankreich, in der Eifel und in Lothringen verlassen hatten, und alle liefen dem charismatischen Einsiedler nach. Es folgten ihm aber auch Stadtmenschen, "junge Herren aus ritterli-

Peter der Einsiedler zeigt seiner Gefolgsschar den Weg.
Skizze nach einer Miniatur aus einer französischen Handschrift des frühes 14. Jahrhunderts

chen Familien sowie Dirnen und lockeres Weibsgesindel", wie es bei einem Zeitzeugen heißt. Nach Schätzung des Chronisten Albert von Aachen war es eine Horde von 15.000 Menschen. Sie waren erregt, entzückt, fasziniert und zogen betend, singend, psalmodierend rheinaufwärts. Der Lumpenarmee hatten sich einige bewaffnete Ritter und Grafen angeschlossen. Unter ihnen ein übel beleumundeter Graf Emicho von Leiningen, ein Raufbold und Straßenräuber, der für die vorausgegangenen schlimmen Pogrome gegen Juden in Mainz, Speyer, Worms und Xanten mitverantwortlich war. Peter musste diese üble Gesellschaft hinnehmen. Er konnte es sich nicht leisten, Ritter vom Schlag eines Leiningen zurückzuweisen. Er brauchte Unterführer, um eine gewisse militärische Disziplin zu garantieren. – Es war ein "Aufgebot mehr der Hölle als des Himmels" wie Pörtner schreibt.

In dieser geschichtlichen Gesellschaft fuhr ich also in den ersten zwei Tagen! Eine Parallele lasse ich aber nur insofern gelten, als Peter einen Grauesel und ich einen Drahtesel ritt und wir beide das gleiche Ziel Jerusalem hatten.

5. Juli:
Ich bin heute den Main und die Tauber aufwärts bis Wertheim gekommen. Etwa 5 km hinter Wertheim habe ich auf einem düsteren Campingplatz, nur wenige Meter von der Tauber entfernt, mein Zelt aufgeschlagen. Ein Ehepaar aus Bonn, das auch mit den Rädern unterwegs ist – wir waren uns heute schon mehrmals begegnet – zeltet nebenan. Im Campingrestaurant wird gemeinsam zu Abend gegessen. Nach Stunden einsamer Fahrt tut es gut, mit sympathischen Menschen ein

Stündchen zu plaudern. Die beiden sind passionierte Langstreckenfahrer. Auf dieser Tour fahren sie zu Verwandten in den Bayerischen Wald.

6. Juli:
Ich bin der einzige Gast beim Frühstück im Restaurant und komme mit der jungen Wirtin ins Gespräch. Sie ist nach der Wende aus dem Erzgebirge in den Westen gekommen, hat den Sohn des Campingwarts geheiratet und versucht, sich in einer "völlig anderen Welt" zurechtzufinden. Trotz ihres Eheglücks mit zwei Kindern hat sie offensichtlich Heimweh. Der nüchterne, unchristliche Westen, der "Weihnachten scheint's ohne Christmette feiern kann", bleibt ihr fremd.

Auf der Weiterfahrt an der Tauber entlang lacht mir die Sonne. Ein Radfahrer aus Bremen, der nach Regensburg will, gesellt sich zu mir. Es ist, darf ich in diesem Zusammenhang einmal sagen, ein angenehmes Gefühl, wenn man feststellt, dass es unter Fahrradfahrern keine Trennung nach Altersjahrgängen gibt. Der Radfahrer aus Bremen ist wohl 30 Jahre jünger als ich.

In Detwang unterhalb Rothenburg ob der Tauber lasse ich mir auf dem Campingplatz einen Zeltplatz zuweisen. Nach kurzer Zeit kommen auch die Bonner an und bald wird im "Schwarzen Lamm", wo ich mit meiner Familie vor 15 Jahren Urlaub machte, zu Abend gegessen.

7. Juli:
Frühmorgens weckt mich prasselnder Regen. Jetzt bin ich froh, dass ich mir ein neues Zelt mit doppelter Wandung und mit Vorzelt gekauft habe. Das Zelt hält dicht, wenn auch nach mehrmaligem Ein- und Ausstieg das

Innere samt Kleidung, Schlafsack und Matratze feucht wird. Nach dem Aufbruch verfehle ich gleich hinter Detwang die Auffahrt nach Gamssattel und komme westlich auf einen landschaftlich wunderschönen Höhenrücken. Ich habe bei herrlichem Sonnenschein – die Regenwolken haben sich verzogen, die Luft ist wohltuend frisch – eine kilometerweite Sicht. Auf einem einsamen Bauernhof abseits der Landstraße weist mir ein Urlauber aus Rösrath den Weg in Richtung Dinkelsbühl. Dort führt die Route am alten Amtsgericht vorbei, wo ich Anfang der sechziger Jahre als Referendar für meinen Anwalt in einer Wiedergutmachungssache Zeugen nicht nur anwaltlich befragt, sondern schließlich auch, weil der Herr Amtsrichter Grippe hatte, richterlich vernehmen durfte. Mit der Unterschrift des Richters unter das Protokoll wurde der prozessuale Fehler dann geheilt. Im Postamt in Dinkelsbühl habe ich ein Paket mit – wie ich meinte – überflüssigen Kleidungsstücken als Ballast abgeworfen. Schon in der nächsten kalten Nacht hätte ich den heimgeschickten Pullover gut gebrauchen können.

Hinter Nördlingen ändert sich die Schönwetterlage. Ein aufkommendes Unwetter nähert sich drohend von Westen. – Das spornt an. – Ich will heute noch bis Harburg kommen. – Ob ich das schaffe? – Bei herrlicher kilometerweiter Sicht lerne ich, ungeschützt den Kräften der Natur ausgesetzt, den Zusammenprall einer Schön- und Schlechtwetterlage kennen. Die Regenfront gleicht einem großen dunkelgrauen, teils blaugrauen Trichter. Die Öffnung ist etwa 10 km breit und flach mir zugewandt und rasch näher kommend. Über und vor mir sind Kumulus- und Nimbuswolken auf der Flucht. Sie

Eine Regenfront, die sich nähert.

werden nach und nach aufgesogen im uniform, mittlerweile grauschwarzen Trichter. Ich habe wohl noch 4 Kilometer vor mir, geht es mir durch den Kopf. Sie werden mir zu einer endlosen Strecke. Außer einigen vorbeirasenden Autos bewegt sich nichts mehr auf der Straße oder auf den Feldern. Die Einsamkeit ist bedrückend, kein Haus, kein Dorf, nur weit ab im Feld ein Bauerngehöft. Das Donnergrollen kommt immer näher. Gilt für mich auf dem Fahrrad das faradaysche Gesetz? Das würde mich ja vor einem Blitzeinschlag schützen. Aber mein Fahrrad ist wohl kein geschlossener Raum. Ich bekomme ein beklemmendes Gefühl in der Magengegend, wohl Angst genannt. Das mobilisiert die letzten Kräfte. Ich bin an diesem Tage immerhin schon 100 Kilometer gefahren. – Und dann zeigt mir die Natur, wie nah das Unwetter ist: Plötzlich tritt eine unheimliche Stille ein. Kein Lüftchen regt sich mehr. Das Vogelgezwitscher stirbt abrupt ab. Kein Halm bewegt sich. Alles ist wie gelähmt. Nur ein Bussard, der sich von seiner Abendmahlzeit am Straßenrand nicht rechtzeitig trennen konnte, flattert in wirrem, verstörtem Zickzackflug davon und sucht einen Unterschlupf. Er steigt plötzlich steil auf und fliegt kreischend über das Feld. Jetzt weiß ich, es kann nicht mehr lange dauern, bis die Sintflut auf mich niedergeht. – Solche Situationen, so geht es mir durch den Kopf, müssen wohl die Pilger des Mittelalters häufiger ertragen haben, ehe sie Jerusalem erreichten. – Die Stille hält Gott sei Dank an. Ich erreiche eine leichte Bergkuppe und habe die Abfahrt nach Harburg vor mir. Eine junge Frau, die ihre Kinder ins Haus zerrt, ruft mir noch auf meine Frage: "Wo gibt's ein Hotel?" zu: "Links unten Zum Goldenen Lamm", bevor sie die Tür zuschlägt. In rasender Fahrt geht es hinnunter in die Altstadt. Nach 150 Meter bin ich in der Remise neben dem Hotel, und in diesem Augenblick beginnt das Inferno. Es blitzt und donnert gleichzeitig, und es öffnen sich alle Schleusen des Himmels. Über den Hof ins Hotel komme ich nicht mehr. Sturzbäche ergießen sich an mir vorbei in die zehn Meter entfernte Wörnitz.

Nach etwa fünf Minuten ist das Schlimmste vorbei. Ich habe es trocken überstanden. In diesem Augenblick zumindest war ich davon überzeugt, dass ein Pilger einen besonderen Schutz genießt. Ich gebe zu, im Laufe der kommenden Wochen hat sich diese Meinung relativiert. Nützlich für die nächsten 4500 Kilometer war das Naturereignis allemal: Ich beobachtete die Natur viel aufmerksamer.

8. Juli:
Meine Weiterfahrt geht Richtung Donauwörth und Landsberg. Ich kenne diesen Streckenteil von meiner Fahrradtour vor sechs Jahren, als ich Deutschland von Norden nach Süden durchquerte. Wie damals wechseln Regenschauer mit Sonnenschein und sehr viel Seitenwind. Ich ziehe mein Regencape über und nutze es als Segel. Das könnte man technisch weiterentwickeln, geht mir durch den Kopf. Vielleicht wie folgt: Die Segel sollten auf Höhe des hinteren Gepäckträgers an einem etwa 40 bis 50 Zentimeter hohen Mast so, dass man noch über den Gepäckträger aufsteigen kann, als Doppelsegel montiert werden. Bei Wind von hinten müssten die Segel schmetterlingsartig aufgeklappt werden. Dafür bedürfte es, wie beim Sportflugzeug, zweier Seilzüge, die von der Lenkstange aus zu bedienen seien. Die Seilzüge müssten – hinten über Kreuz – die Segel

wieder zusammenklappen können. Bei Seitenwind wären sie dann zusammengefaltet über die Seilzüge zum Windeinfang auszufahren. (Das Tagebuch weist an dieser Stelle auf die nötige Patentanmeldung hin.) – Es sind also nicht nur fromme Gedanken, die einem auf einer Pilgerfahrt durch den Kopf gehen! – Übrigens: C. Metz und K. Schubert, die mit zwei Motorrädern 16 Jahre lang die Welt befahren haben, koppelten in Patagonien ihre Fahrzeuge zusammen und setzten, um Benzin zu sparen, in der Mitte ein Großsegel, wie dies in ihren Erinnerungen "Abgefahren" nachzulesen ist. – So abwegig sind meine Überlegungen also nicht!

Es ist Abend, als ich in Landsberg ankomme. Das Hotel, in dem ich 1994 auf meiner Fahrradtour von Flensburg nach Füssen abgestiegen bin, fahre ich erst gar nicht an, weil mir ein Taxifahrer sagt, dass in der Stadt alle Hotels belegt seien. Also fahre ich weiter Richtung Schongau. Kurz vorher müsste ich am Landgasthaus Römerkessel vorbeikommen. Dort habe ich einmal gut zu Abend gegessen. Ich habe Glück: Ein schönes Zimmer wird für zwei Tage gemietet. Morgen ist Sonntag und damit Ruhetag.

9. Juli:
Die heilige Messe in Asch ist fast beendet, als ich meinem Herrgott meine sonntägliche Aufwartung machen will. Ein indischer Priester liest die Messe. Ein aus der Mission ausgeliehener Theologe – und das im katholischen Bayern! Im Aushang der kleinen schönen Barockkirche lese ich, dass in Seestall um 10 Uhr Gottesdienst ist. Bis dahin sind es nur 3 Kilometer. Dahin zu radeln ist mir eine vollständige Messe wert. Derselbe Priester! Also betreut er mehrere Pfarreien! Und er tut

es mit Andacht. An ihm könnte sich manch einer unserer Pfarrer ein Beispiel nehmen. Seine Predigt hat das Thema vom ungeliebten Propheten in seiner Heimatstadt (Mt 13,53-58). Man ist "entsetzt", ... "... ist er nicht des Zimmermanns Sohn?" ... "Sie nahmen Ärgernis an ihm" ... Ein Prophet gilt nirgends weniger als in seinem eigenen Haus. – Wie wahr! – Die Exegese und Lehre geht so weit, und das wird überzeugend vorgetragen, dass man in jedem Nächsten das Wirken Gottes erkennen könne, das Herkommen sei irrelevant. An wessen Adresse ist das wohl gerichtet? – Ein Inder in Bayern mag es ja nicht leicht haben.

10. Juli:
Der Himmel ist mit Regenwolken verhangen, aber der Wind steht für meine Weiterfahrt richtig. Er treibt mich seitlich an. – Hätte ich jetzt ein Segel! – In Schongau erstehe ich in einem Sportshop eine langärmlige Fließweste, leicht aber warm, wie mir versichert wird. – Am Abend in Seefeld erfüllt sie bei nur 9° Außentemperatur ihre Dienste. Bis Seefeld versteckt sich die Sonne vor mir. Aber Regen setzt erst hinter Mittenwald ein. Der Berg hinauf nach Seefeld zieht sich unendlich. Im mondänen Städtchen fühlt sich ein Pilger gar nicht wohl. Ein Nothelfer – wer auch immer von den 14 – hilft auch hier: Bei meiner ersten Nachfrage bekomme ich ein einfaches, aber sauberes kleines Zimmer in einer Pension. Vergessen hat mich der heilige Nothelfer, als ich mir abends in einem Restaurant etwas gönnen will: Ich zahle einen Wucherpreis.

11. Juli:
Ich starte bei strömendem Regen. Gnadenlos gießt es aus dem Grau des Himmels, dass man verzweifeln

möchte, gäbe es da nicht die alles überwindende Euphorie eines Pilgers. Nun bin ich natürlich froh, dass ich mein Regencape nicht mit nach Hause geschickt habe. In einem Fahrradgeschäft vor Ort bestätigt man mir, was ich schon im "Römerkessel" gehört habe, dass für Fahrradfahrer die direkte Abfahrt nach Innsbruck gesperrt ist. So muss ich einen riesigen Umweg über Telfs fahren. Das Cape hält mich trocken, aber in den Schuhen kann ich bald mit den Zehen im Regenwasser planschen. – Die Abfahrt ist kurvenreich und steil. Sie zieht sich unendlich. Fazit: Die hinteren Bremsbeläge sind, wie ich beim Anstieg zum Brennerpass merke, total abgewetzt. Der Bremshebel lässt erst weit durchgezogen die Bremsen ansprechen. Im Inntal halte ich vor einem kleinen Kolonialwarenladen. Mit Küchenpapier werden Schuhe und Socken notdürftig getrocknet. Die junge Ladeninhaberin kommt heraus und unterhält sich mit mir. Als ich beiläufig mein Reiseziel nenne, fragt sie mich, ob ich den Wallfahrtsort Medjugorje kenne, sie fahre jährlich dorthin. Es gebe auch im Ort einen entsprechenden Gebetskreis. Ich melde dezent meine Zweifel an der Glaubwürdigkeit der marianischen Botschaft von Medjugorje an. – Die junge, hübsche Frau macht übrigens nicht den Eindruck einer Betschwester!

Hinter Innsbruck kommt der Anstieg zum Brennerpass. Der Regen hat nachgelassen und die Sonne lacht. Auf halber Höhe wird bei einem fidelen Wirt in einer ehemaligen Posthaltestelle zu Mittag gegessen. Und dann geht es langsam – mit vollem Magen – immer weiter aufwärts. Etwa 3 km vor der Passhöhe kommt das dicke Ende. Ich bleibe aber auf dem Rad und steige nicht ab. Nach einer halben Stunde stelle ich fest, dass ich ein dickes, geschwollenes rechtes Knie habe. Aus dem Befahren der vielen Kehren mit manch heiklen Situationen wegen der vorbeirasenden Pkws ziehe ich folgende Lehre: Rechtskurven ohne Ausweichmöglichkeiten sollte ein Fahrradfahrer nicht am Straßenrand, sondern möglichst zur Straßenmitte hin befahren, weil er dann eher von den heranrasenden Autofahrern gesehen wird, mögen die dann ungehalten mit Hupen reagieren. Linkskurven befährt man am äußersten rechten Straßenrand. So schützt man sich vor Autofahrern, die auf einer engen Gebirgsstraße nicht mit Fahrradfahrern rechnen.

In Sterzing habe ich mir neue Bremsklötze ans Hinterrad montieren lassen. Der Fahrradladen wird von einem freundlichen Ehepaar geführt. Aus Jerusalem soll ich ihnen eine Karte schicken (was ich auch getan habe). Das Geld für Ansichtskarte und Porto habe ich natürlich nicht angenommen.

Übernachtet wird in Sterzing im Hotel "Zur Post".

2. Die Sonne lacht – Die Stimmung steigt

12. Juli:
Im schönen Südtirol lässt es sich gut radeln. Da vergisst man sehr leicht, dass man auf einer Pilgerreise ist. Der gute Wein, der saftige geräucherte Schinken ... Jetzt weiß ich auch, warum sich früher die Pilger in Sack und Asche hüllten. In solch einem Pilgeraufzug hätte man mich wahrscheinlich nicht in den netten, wohlriechenden Wein- und Speckladen hineingelassen, den ich in der Nähe des Kalterer Sees ansteuere. Nach reichlicher Mahlzeit, mit vier Hartwürsten als Wegzehrung bewaffnet, fahre ich auf einem Damm für Fußgänger und Radfahrer entlang des Eisack und der Etsch in Richtung Trient. Dort lotst mich gleich ein Radfahrer zum Dom. Das alte romanische Nordostportal und die Steinmetzarbeit der Türlaibung sind von außen die einzige Sehenswürdigkeit. Im Inneren sind die 14 großen Silberkandelaber, die stets wie ein ewiges Licht brennen, das Besondere. In Pergine finde ich in einem modern eingerichteten kleinen Hotel für die Nacht eine Bleibe.

13. Juli:
Auf nach Padua, zur Wallfahrtskirche des heiligen Antonius! – Auf einer Schnellstraße durch das schöne Brentatal geht es zügig voran. Der Dom von Padua – nicht die Basilika des heiligen Antonius ist gemeint – ist ein nüchternes Bauwerk. Eine ältere Dame bietet sich als Lotse an. – So freundlich sind die Italiener. – Im Inneren der Kirche erkennt man sogleich das Besondere einer Wallfahrtskirche: ihr Reichtum an Gold, Silber und Marmor. Die Mosaiken an den Wänden und in den

Das alte Nordostportal des Doms von Trient

Die Quadriga

Kuppeln sind herrlich. Die silbernen Reliquienschreine hinter dem Hauptaltar zeigen Teile des gefledderten Leichnams des Heiligen. Ich bekomme im Hauptschiff noch den letzten Teil einer heiligen Messe mit.

Bei schönem Wetter radle ich bis Dolo. Dieses Städtchen liegt etwa 20 km vor Venedig. Hier hatten wohl früher – vielleicht auch noch heute – die Reichen von Venedig ihre Wochenendvillen. Eine schöner als die andere, reihen sie sich links entlang der Straße. Rechts ist ein breiter Kanal, der mir morgen sicherlich den Weg nach Venedig weisen wird. In einem neu eingerichteten Albergo, das von einer Deutschen geführt wird, übernachte ich für 70.000 Lire (ohne Frühstück).

14. Juli
Venedig sollte man nicht im Sommer besuchen. Davor war ich durch Tochter Ruth gewarnt. Ich stelle das Fahrrad ohne Aufsicht am Busbahnhof ab. Ob das gut geht? Ich gehe zu Fuß durch die Altstadt Richtung Rialto-Brücke und komme schließlich auf die Piazza di San Marco. – Wie groß muss erst der schöne Platz ohne die zwei- bis dreitausend Touristen wirken? Vor der Basilika ist eine Warteschlange in Dreierreihe von etwa 100 m Länge. Ich begnüge mich mit einem Blick in den Narthex, der die byzantinische Mosaikenpracht im Innern erahnen lässt. – Und dann betrachte ich noch einmal die pompöse Westfassade von San Marco: Die Quadriga, die vier Bronzepferde im oberen Baldachin, tritt für den flüchtigen Betrachter kaum in Erscheinung. Den kundigen Betrachter verweist sie auf den 4. Kreuzzug und auf die Rolle und Bedeutung, die Venedig dabei einnahm. Sie ist Beutegut aus Konstantinopel, dem heutigen Istanbul. – Aus der Vorbereitung meiner Pil-

gerfahrt erinnere ich mich an den geschichtlichen Hintergrund: Der 4. Kreuzzug, zu dem Papst Innozenz III. im Jahr 1198 aufgerufen hatte, wurde ein schlimmer Flop. Das Ziel Jerusalem wurde ja nie erreicht und es hat den Anschein, dass es auch als Ziel weder von der Heeresführung noch vom Papst gewollt war. Stattdessen zerschlug das Kreuzritterheer zusammen mit der venezianischen Flotte das, was noch vom Römischen Reich übrig geblieben war, nämlich Ostrom, und beendete vorübergehend das Schisma der Kirchen von West- und Ostrom mit der Vertreibung des oströmischen Kaisers und der Einsetzung eines lateinischen Patriarchen. Ich verlasse die Piazza di San Marco mit einem Traghetto über den Canale Grande und radle gen Süden. Das Fahrrad samt Gepäck war unbehelligt geblieben. Die Sonne macht sich am Nachmittag rar, aber ich komme ohne Regen bis Mesola. Ein gewaltiges Kastell beherrscht das ganze Ortsbild. Ein freundlicher Signore weist mir den Weg zu einem einfachen und preiswerten Albergo. In den ehemaligen Stallungen des Kastells hat sich eine große, gut eingerichtete Pizzeria mit offenem Backofen etabliert. Die Pizza, die ich serviert bekomme, ist etwas Besonderes: Sie sieht aus wie eine riesengroße Apfeltasche. Der Teig mit der Käse- und Pilzfüllung ist zusammengeklappt und dann in den Ofen geschoben worden. Und dazu ein süffiger Rotwein – und schon hat man die Fahrt auf der heißen Landstraße vergessen. Solche Genüsse wird doch wohl der Pilgerkodex zulassen – oder?

15. Juli:
An einem Sonnenblumenfeld entlangfahrend, nähere ich mich in Ravenna dem Grabmal des Ostgotenkönigs Theoderich. Wenn man von Osten her kommt, wirkt das

Grabmal des Ostgotenkönigs Theoderich

Mausoleum kleiner, als man es sich von Fotos her vorstellt. Erst wenn man sich von Westen her dem Haupteingang nähert, zeigt sich die monumentale Pracht. Das Grabmal besteht aus Muschelkalkquadern. Die Kuppel ist ein einziger Stein mit einem Durchmesser von 10,76 m. In die eigentliche Grabkammer im Obergeschoss kommt man nur über eine Rampe von außen. Dort steht auch die Porphyrwanne, die wohl als Sarg gedient hat. – Im Laufe der Jahrhunderte ist das Grabmal allen Schmuckes beraubt worden. – Wie war das mit diesem Theoderich dem Großen? Er hat doch mit eigenen Händen den weströmischen Kaiser Odoaker ermordet und dann als Stellvertreter des oströmischen Kaisers über Italien geherrscht! Jedenfalls sagt man von seiner Regierungszeit: Italien erfreute sich dauernder Ruhe und Ordnung. Das war von 471 bis 526 n. Chr. In der Heldendichtung ist uns Theoderich als Dietrich von Bern besser bekannt.

Es geht zügig weiter in Richtung Rimini. Hinter mir kommen Regenwolken auf, halten aber respektvoll Abstand vom Radfahrer auf der Schnellstraße. Am Ortseingang von Rimini überholt mich ein älterer einheimischer Radfahrer. Von hinten sieht er mit seiner Glatze aus wie der inzwischen verstorbene Radrennfahrer Pantani; aber seine Kopfhaut hat hinten mehrere Querfalten. Das sieht vielleicht drollig aus! Plötzlich hält er fast mitten auf der Fahrbahn an und pfeift auf den Fingern in Richtung eines Hauses zweimal eine kurze Melodie. Die erwartete Antwort bleibt aus, und er fährt weiter. Er holt auf, und als er neben mir fährt, wünscht er mir in akzentfreiem Deutsch "Guten Tag und eine gute Weiterfahrt." Wir kommen nebeneinander fahrend und natürlich den Verkehr behindernd ins Gespräch. Ich frage nach der Bedeutung des Pfeifrufs. Das sei eine dreihundert Jahre alte Familienverständigung. Und dann pfeifen wir abwechselnd während der Fahrt in die Innenstadt: Ich meinen Familienpfiff aus Beethovens Fünfter, er seinen Uraltpfiff. Dabei lotst er mich zum Strand in Richtung Campingplatz. Dort angekommen, sehe ich mir den wolkenverhangenen Himmel an und entscheide mich zur Weiterfahrt. Etwas außerhalb von Riccione nehme ich für zwei Tage – morgen ist Sonntag, also Ruhetag –, ein schönes Zimmer. Die Stadtkirche läutet zum Abendgottesdienst. Ich werfe mich in Schale und ziehe los. Vor Beginn der Messe wird der Rosenkranz gebetet. Ich muss bekennen, dass ich seit Jahren dieses Beten nicht mehr gepflegt habe. Aber die Gesätze des so genannten Schmerzhaften Rosenkranzes bekomme ich noch zusammen. Die Kirche ist übrigens "proppenvoll"; selbst der Altarraum ist besetzt. Und alle Besucher beten laut mit. Eine solche Anteilnahme habe ich seit Jahren nicht erlebt. Aber auch hier ist das Durchschnittsalter wohl 60! Nach der Messe muss ich im Regen zurück. Gut, dass ich nicht gezeltet habe!

16. Juli:
Es darf ruhig weiter regnen. Was heute herunterkommt, macht mich morgen, wenn ich wieder auf dem Drahtesel sitze, nicht nass. Die Ruhe im Hotelzimmer ist erholsam. Ich bekomme keine Langeweile. Davor bewahrt mich die FAZ, die ich gestern gekauft habe. Das Wetter ändert sich am Nachmittag schlagartig. Die Wolkendecke reißt auf, und ein strahlender Himmel lädt zum Kaffee ein. Aber das menschliche Getriebe im

Strandbereich stört mich. Ich sehne mich zur Ruhe der Landstraße zurück. Da kann man dann, wenn man Hunger hat, abseits in ein Dorf fahren und – wie gestern zum Beispiel – in einem einfachen Landgasthaus zusammen mit den Einheimischen gut und preiswert essen. Eine spezielle teure Speisekarte für Touristen ist dort ein Tabu.

Als ich am Abend den weiteren Verlauf meiner Route durch Aneinanderreihen der Kopien der Landkarte von Mittelitalien betrachte, bekomme ich etwas "Flaute" in den Bauch: Bis Brindisi werde ich wohl noch 10 bis 12 Tage benötigen. Aber: "Solange man noch auf Erden zu tun hat, lebt man", sagt Sandor Marai in dem Roman "Die Glut".

Die Nase kribbelt. Ich habe mir nach der Messe im Regen einen Schnupfen geholt. Vor Naturgesetzen schützt auch nicht ein Gottesdienst mit Rosenkranzgebet! Das ist gut so! Wo kämen wir sonst hin? Es war halt dumm von mir, ohne Regenschirm, den ich mir im Hotel hätte ausleihen können, zu gehen. Und gegen Dummheit hilft auch kein Beten.

3. Ein sympathischer Aussteiger als Begleiter – Ein Ururenkel von Peter dem Einsiedler

23. Juli:
Meine letzten Notizen im Tagebuch sind schon eine Woche alt. Jetzt sitze ich in Joannina im Clubraum eines Hotels und warte sehnlichst darauf, dass mein Zimmer gerichtet wird, und dass ich dann mein Mittagsschläfchen halten kann. – Ich habe also doch keine zehn bis zwölf Tage gebraucht, um Italien verlassen zu können. – Nun rolle ich meinen Bericht einmal von hinten auf: Gestern kamen wir, d. h. ein 23-jähriger Slowene namens Primos und ich, auf einer Fähre, einem alten Seelenverkäufer, von Bari aus in Igunomizza in Griechenland an. – Den Aussteiger, den Vegetarier im Jesuslook, der per Fahrrad nach Neuseeland zum Äpfelpflücken wollte, hatte ich am 17. Juli südlich von Riccione kennen gelernt. Und das kam so:

Mittags hörte ich, während ich etwas müde langsam durch ein Dorf fuhr, hinter mir ein Hallo-Rufen. Mir folgte auf einem schwer bepackten Fahrrad ein junger, wild gestikulierender Mann. Er holte auf und nach der üblichen Vorstellung – in Englisch natürlich – fragte er, ob wir nicht zusammen fahren könnten. Der junge Mann hatte sympathische Gesichtszüge und eine klare Stimme, wenn er auch ansonsten nicht Vertrauen erweckend aussah. Sein Gepäck war ungeordnet, seine Kleidung schmuddelig, die Haare lang und verschwitzt, sein zerzauster Bart verfilzt und zottelig. Die Lenkstangengriffe und die Sattelspitze waren mit Verbandsmull umwickelt. – Und das alles war, wie ich bald erkannte, seine Philosophie! – In den nächsten Tagen tat sich mir durch Primos eine bis dahin unbekannte Welt auf. Ich wurde zwar nicht Vegetarier und auch nicht Bewunderer von Che Guevara, das war Primos Idol, aber ich musste wohl oder übel vom Establishment eines wohlbetuchten Fahrradfahrers herunter: Gegessen wurde meist am Straßenrand, eingekauft in Supermärkten, geschlafen im Zelt und zwar "wild", wobei Primos wert darauf legte, dass möglichst jemand um Erlaubnis gefragt wurde. Morgens wurden die Zähne mit dem Rest des Trinkwassers vom Vortag geputzt. Morgentoilette gab es erst im nächsten Bistro nach dem Frühstück. Primos wusch sich, so schien es mir, nur, wenn er an einen Bach oder an den Strand kam. Ein Kamm war nicht im Gepäck, erst recht keine Schere. Haar und Bart, so verriet er mir, würden grundsätzlich nicht geschnitten. Meine Einladungen zu Kaffee und Cornetto nahm er nur ungern an. Und in den Bistros und Restaurants saß er wie auf einem heißen Folterstuhl. Ich verstand erst zwei Tage später, warum er meine Begleitung suchte: Er war offensichtlich ängstlich und keine Kämpfernatur. Die Mafia und die Zigeuner, so meinte er, seien in Italien überall, und denen wäre man allein hilflos ausgeliefert. Und das sagte ein ehemaliger Seemann, der nach seinen Bekundungen schon in allen Kontinenten war, auch in Neuseeland, wo es ihm am besten gefallen hatte. Die schmuddelige Kleidung war übrigens mit Freundschaftsarmbändern, natürlich aus reiner Wolle, geschmückt. Platz für eine Armbanduhr gab es nicht. Nur selten fragte er nach der Uhrzeit. Über seine Zukunft hatte sich Primos keine Gedanken gemacht. Seine Mutter, eine Anhängerin der Marienverehrer von Medjugorje in Kroatien, wird wohl am Wallfahrtsort viel für ihn beten. Sie hatte ihm ein hölzernes Umhängekreuz und eine Bibel mitgegeben. – Seine Kondition war übrigens gut, fahren konnte er! Die Berge nahm er spielend.

Fazit: Peter der Einsiedler hat einen Ururenkel. An ihn erinnerte mich Primos zunehmend von Tag zu Tag. – Bei aller gebotenen Rücksichtnahme gegenüber einem jungen Mitradler verlor ich am Abend des 20. Juli bei der Suche nach einer Übernachtungsmöglichkeit fast die Geduld: Wir waren zufällig an einem wilden Strand auf ein altes, verlassenes Trullidorf gestoßen. Aus meinem Wunsch, einmal in solch einem runden Steinhaus zu campieren, wurde aber nichts. Primos witterte Ungemach. Er ging forschend, die Nase wie ein schnüffelnder Hund rümpfend, um einen Hügel und kam bald schreiend "Let's go, let's go!" angelaufen. Er hatte ein großes Zigeunerlager in unmittelbarer Nähe entdeckt, und da hielt ihn nichts mehr. Ich war nun auch etwas "verunsichert", und so übernachteten wir auf einem Campingplatz in Giovinazzo.

4. Auf der Via Egnatia

Am 21. Juli erreichten wir Bari. Um 20 Uhr setzten wir in einer großen Fähre (siehe oben) nach Igumenitsa über. Die Nacht hatten wir unter sternenklarem Himmel auf dem offenem Deck des Seelenverkäufers verschlafen. Das war ein herrliches Erlebnis. Der Himmel über einem Meer im Süden ist mit unserem Nordhimmel nicht zu vergleichen. Man glaubt, man wäre den Sternen viel näher. Sie leuchten größer und heller. Auf dem Rücken liegend, leichtes Schaukeln des Schiffes unter uns, haben wir den Anblick des Firmaments genossen. Da kommt Freude auf, und das Lied "Großer Gott, wir loben Dich" kommt einem dann leicht und dankbar über die Lippen.

Beim Kauf einer Telefonkarte an einem Kiosk in Igumenitsa wollte ich die ersten Sätze in Neugriechisch anbringen. Als ich gerade "Kalimera" (Guten Morgen) fließend gesagt hatte, meinte die Verkäuferin in akzentfreiem Deutsch: "Nun reden Sie ruhig deutsch." – Welche Erleichterung. – Im Osten der Stadt fanden wir bald den Einstieg in die neue – alte imperiale Via Egnatia. Die Geschichte dieser Straße begann im alten Rom. Vor 2000 Jahren fingen dort die Strategen an, diese Heerstraße zu bauen, um Reich und Grenzen zu schützen. Die klassische Route führte ursprünglich durch Albanien. In der Neuzeit haben die Griechen die Schau gestohlen: Athen ließ sich das Projekt von der EU zuweisen und damit das Geld für den Ausbau. So wurde mit der neuen Wegführung der Via Egnatia das Pindosgebirge erschlossen, das mir trotz guter Straßenverhältnisse im Anstieg zum Katara-Pass zu schaffen machte.

Nach fünf Tagen gemeinsamer Fahrt mit Primos deutete ich hinter Igumenitsa diskret an, dass ich das Bedürfnis hätte, in die mir gewohnte Zivilisation zurückzukehren. Offensichtlich hatte Primos volles Verständnis für diese meine Schwäche. Er wollte im Gebirge, wo er viel schneller war als ich, besser vorankommen. So trennten wir uns im schönen Kalamostal, nachdem er um meine Anschrift gebeten hatte. Er wollte mir seine Ankunft in Neuseeland mitteilen.

Für mich begann nun ein strapaziöser Aufstieg Richtung Vrosina. Es war die steilste Passstraße meiner gesamten Fahrt. Nach etwa 15 Serpentinen – bei schätzungsweise 35° im Schatten (apropos Schatten: Auf der gesamten Strecke gibt es keinen Baum, keinen Strauch, die Schatten spenden könnten!) kam ich gegen 14 Uhr oben an. Ein einfaches Gasthaus am Straßenrand, die erste Ansiedlung seit der Talsohle, wirkte wie ein Magnet. Als ich mein Fahrrad abgestellt hatte, trat eine junge Frau heraus, und zum zweiten Mal konnte ich mit meinem Neugriechisch nicht Eindruck schinden. Bevor ich "Kalimera" wünschte, sagte die Wirtin mit leichtem Ruhrpottakzent: "Treten Sie ein; wir haben Sie schon erwartet." Ihr Bruder hatte mich, als ich schiebend den Berg hochkeuchte, mit seinem Pkw überholt und am Aufkleber "D" auf der Isomatte mein Woher erkannt. Im Ruhrgebiet waren beide aufgewachsen. Die fünf kleinen gegrillten Lammkoteletts, Salat und Brot, dazu schwerer makedonischer Rotwein, mundeten vorzüglich. Als der Gastwirt, der Ehemann der jungen Frau, zu dieser eine Bemerkung machte, die ich natürlich nicht verstand, übersetzte sie: "Mein Mann meint, es sei gefährlich, nach einem halben Liter Roten die steile Abfahrt nach Vrosina zu fahren." Ich brauche nur den Wein zu bezahlen, den ich getrunken habe. – Mein Durst war zu groß, der Wein zu gut und vom vielen Wasser hatte ich vielleicht schon Läuse im Bauch. – Ich versprach, nach dem Mahl hinter dem Haus ein Nickerchen zu halten.

Es war schon spät, als ich abends in Joannina ankam. Ich buchte mitten in der Stadt in einem guten Hotel für zwei Tage. Am nächsten Morgen merkte ich beim Frühstück, dass das Hotel keinen internationalen Komfort hat: Das Frühstück war ausgesprochen spartanisch, eben pilgergerecht! Mein Wunsch nach einem gekochten Ei wurde mit Bedauern abgewiesen. Als Pilger nimmt man das lächelnd hin. Ärger kommt erst auf, wenn die hohe Rechnung präsentiert wird.

Eine Kirche habe ich lange gesucht. Mein Fehler war, dass ich nach einem Glockenturm Ausschau hielt. Ich nahm schließlich ein Taxi zu Hilfe, das mich – ohne Entgelt – 70 m weiter an ein unscheinbares Portal mitten in der geschlossenen Häuserfront fuhr. Dahinter lag ein kleiner, schön bepflanzter Kirchenvorplatz, und eine weit geöffnete Kirchentür lud zum Gottesdienst ein, der gerade begann. Ein würdevoll wirkender alter Pope und ein junger Diakon zogen mit Kelch und Monstranz ein. – Gebetet und gesungen wurde während der Eucharistiefeier lediglich von den beiden Lektoren im Wechselgesang. Keiner der Gläubigen hatte ein Gebetbuch. Es herrschte Ordnung in der Kirche: Auf der linken Seite und im Mittelschiff standen die Männer in ihren Gebetskonchen, rechts die Frauen. Hier fühlte ich mich wohl! – Dieses Durcheinander in unseren Messfeiern! Ich muss es an dieser Stelle einmal sagen, auch wenn es nicht unbedingt hierher gehört: Auch das Zweite Vatikanische Konzil hat es nicht geschafft, dass ich je im linken Kirchenschiff gekniet habe. – Ein dritter Pope predigte. Mein Nachbar versuchte mir klarzumachen, dass der Prediger von weit her komme. Am Schluss des Gottesdienstes wurde an der Ikonostase aus einem großen Korb Brot verteilt. Ich schätze, dass dies unserer Kommunion gleichkommt. Alle gingen nach vorn, ich auch. Es war für mich eine beeindruckende und feierliche Eucharistie.

5. Ein Abstecher zu den größten Sehenswürdigkeiten Nordgriechenlands

25. Juli:
Heute habe ich mein erstes Etappenziel, die Meteoraklöster bei Kalambaka, erreicht. Beim gestrigen Start in Joannina glaubte ich nicht, so weit kommen zu können. Es war auch verdammt – pardon – hart. Stundenlang immer nur die Passtraßen hoch! Zuerst zum Polidrosopass! Ein junger Biker, der von Joannina aus trainierte, machte mir Mut, und dann gesellte sich für ein paar Stunden ein Franke, etwa 40 Jahre alt, dazu. Sein Ziel war Athen. Dort erwartete ihn seine Frau. Er hatte reiche Fahrradtourenerfahrung, war quer durch afrikanische Steppen und Wüsten geradelt, hatte in Neuseeland mit seiner Frau harte Fahrradfahrten hinter sich gebracht. Sein Fahrrad, ein umgebautes Rennrad, war optimal beladen (12 kg einschließlich Einmannzelt). – Angesammelte Überstunden setzte er in wochenlange Fahrradtouren um. – Am Fuße des Katarapasses trennten wir uns.

Nach meinen zeitlichen Berechnungen anhand der Karten und meiner durchschnittlichen Geschwindigkeit in den Bergen musste ich möglichst am späten Nachmittag die Passhöhe erreicht haben. Zelten hoch oben im Gebirge wollte ich vermeiden. Also hieß es: zügig voran! Je höher ich kam, desto besser ließ sich die Hitze ertragen. Die Trinkwasserstellen am Wegrand ließen keinen Durst aufkommen, und die nasse Badehaube unterm Fahrradhelm sorgte für Verdunstungskälte. Das Gebirge ist wildromantisch. Kahle Felsformationen wechseln mit grünen, breiten Tälern, die sich, je höher ich kam, zu Schluchten verengen.

Meteoraklöster bei Kalambaka

Die Via Egnatia wird seit den jüngsten Unruhen in Jugoslawien offensichtlich vermehrt von den in ihre Heimat fahrenden Türken aus Deutschland und den Benelux-Ländern als Landweg genutzt. Das Pilgerglück war mir wieder einmal hold, als mich eine türkische Großfamilie aus Wuppertal zum Imbiss am Wegrand einlud. Wider Erwarten hatte ich bis auf etwa 1400 m Höhe kein Lokal ausfindig gemacht, und ins Tal nach Metsovo zog mich selbst der heftig knurrende Magen nicht. An einer Wasserstelle wollte ich gerade meine Notration auspacken, als ich von zwei kleinen Mädchen in klarem Deutsch nach meinem Namen gefragt wurde. Ihr Vater kam näher und lud mich zum Essen ein. Ich konnte nicht Nein sagen und ging mit dem festen Vorsatz, mich maßvoll und bescheiden zurückzuhalten, mit. – Kurzum, ich bin nicht umhin gekommen, mich satt zu essen. – Es war ein herrliches Gelage, und zum erstenmal hörte ich vom Großvater der Familie die Bezeichnung: "Starker Mann". – Dieser Titel wurde mir in den nächsten Wochen in englischer Fassung: "strong man", noch mehrfach verliehen. – Da aber ein Pilger nicht nur sittsam, sondern auch bescheiden sein muß, wehrte ich mich anfangs gegen diese Glorifizierung. Aber nach und nach gewöhnt man sich daran. – Auch einem Jerusalempilger ist Menschliches nicht fremd!

Auf dem Gipfel des Katarapasses angekommen, hatte ich das wohlverdiente Glücksgefühl, das einem Flügel verleiht. Man möchte die Welt umarmen. Und – das ist das Gefährliche daran – man überhört leicht die Warnsignale des Unterbewusstseins. Auch die Warnsignale beim Fahren, etwa das Fahrwindgeräusch und das Vibrieren des Rahmens sollte man nicht buchstäblich in den Wind schlagen, weil aus Frohsinn Übermut und aus Angstlosigkeit Leichtsinn wird. Hinunter in das Piniostal muss ich wohl schneller als die Vernunft erlaubt gefahren sein. Mein Tacho zeigte eine Spitzengeschwindigkeit von 54 km/h, aber es ist noch einmal gut gegangen.

Die vielen Strapazen voraufgegangener Pilgerfahrten haben mich gelehrt, auch aus schwierigen Situationen das Beste aus einer Sache zu machen. So hat mich auch der stundenlange Aufstieg zum Katarapass nicht mürbe gemacht. Eine Pilgerfahrt markiert nun einmal, wie H. Malangrè in: "Auf Pilgerfahrt nach Santiago de Compostela", sagt, einen Ausnahmezustand sowohl hinsichtlich der Anstrengung wie hinsichtlich der Verinnerlichung. Man kann auch sagen: In der Entrückung, d. h. in der Ver-rücktheit von der geistigen Normalspur liegt ein wesentliches Moment der Pilgerfahrt. Da ich, so ging es mir bei der Abfahrt ins Piniostal durch den Kopf, als Pilger nur eine einfache Grundreligiosität reaktiviere, die in uns allen verwurzelt ist, wehre ich mich auch gegen die Behauptung, dies alles sei etwas Überholtes, es seien nur neue Angebote in alten Schläuchen.

Nein, jede Pilgerfahrt, auch die mit dem Flugzeug nach Jerusalem oder mit dem Bus nach Kevelaer, ist der Weg zu den Ursprüngen unseres Glaubens. – Für mich ist eine Wallfahrt, das sei in diesem Zusammenhang abschließend vermerkt, eine Suche nach den Spuren Gottes auf unseren Wegen. – Und daher sagt man auch mit Recht, dass auf einer Pilgerfahrt schon der Weg das Ziel sei.

Es war schon spät, als ich am Abend die Meteorafelsen aus dem breiten Piniostal aufragen sah. Ein schöner

Das Nikolaikloster

Campingplatz lag gleich an meiner Fahrtroute. Ich belegte einen großen Platz in der Nähe des Restaurants, und nach einem guten Abendessen waren die Strapazen des Katarapasses vergessen. Die Lesung eines Kapitels aus dem Neues Testament beschloss den Tag.

Heute bin ich schon in der Frühe mit dem Fahrrad die langsam ansteigende Straße zu den Klöstern hochgefahren. Mal schauen, wie weit ich komme. Das Nikolaikloster habe ich bald erreicht. Zu Fuß geht es dann über die teils in den Fels gehauenen Stufen nach oben. Der Zugang ist keineswegs beschwerlich. Das Kloster ist wegen des besonders kleinen Felsplateaus mehrstöckig gebaut und wirkt ausgesprochen festungsartig. Die kleine Hauptkirche ist mit gut erhaltenen Fresken aus dem 16. Jahrhundert ausgestattet. Man könnte stundenlang die in den Wand- und Deckengemälden Bild gewordene Bibel bewundern, ohne Langeweile zu bekommen, aber ich möchte heute noch ein zweites Kloster besichtigen. Das Kloster Russánu liegt etwas oberhalb vom Kloster Ágios Nikólaos. Ich muss allerdings mein Fahrrad schieben (auf die rasante Abfahrt freue ich mich jetzt schon). Russánu ist das kleinste der noch bewohnten Meteoraklöster. Es erstreckt sich wie Nikoláos auf einem winzigen Felsplateau über drei Etagen. Wegen des Platzmangels sind hier alle Räume einschließlich der Kirche in einem einzigen Gebäude zusammengefasst. Im Narthex sind Wandmalereien aus dem 16. Jahrhundert gut erhalten. Sie zeigen vor allem Märtyrer und über dem Eingang zum Kirchenraum das Jüngste Gericht: Links von der Tür werden die Seligen zum Paradies geführt, rechts von der Tür gleiten die Verdammten in einem Feuerstrom in die Hölle, wo wilde Tiere und Fabelwesen bereits menschliche Körperteile verschlingen. – Hier werde ich an die Wandmalereien in der kleinen mittelalterlichen Kirche St. Martin in Sillegny bei Metz erinnert, die ich auf meiner ersten Pilgerfahrt mit dem Fahrrad nach Santiago de Compostela besuchte. Dort zeigte ein großer Ausschnitt der Wandmalereien das "supplicium aeternum", das Jüngste Gericht, in erschreckender Deutlichkeit. In der damaligen Zeit war das Jenseits offensichtlich ein zentrales Thema, und Bilder wie hier im Kloster Russánu oder in St. Martin in Sillegny drangen in die innere Welt der Menschen ein. Sie rüttelten das Gewissen wach, sie warfen den Menschen auf die Knie und führten ihn zum Gitter der Beichtstühle. Und sie hatten eine zutiefst heilbringende Wirkung. Da wurden noch metaphysische Bedürfnisse erfüllt. Da nahmen die Bußprediger von damals sicherlich auch schon in Kauf, des infantilen Phantasierens über Jüngstes Gericht, Fegefeuer, Hölle und Himmel bezichtigt zu werden. Es wurde aber auf jeden Fall Antwort gegeben auf menschliche und unvergeistigte Fragen vieler der Gläubigen, und das alles resultierend aus der Frage: Warum glaubt man denn, wenn nicht wegen der großen Hoffnung? – Heute hat man ja den Mut verloren, mit der Hölle zu drohen! – Und wir, wir haben offensichtlich keine Angst mehr davor! Die Besucher, Beter und Pilger, die diese Kirchen mit solchem Bild gewordenen "supplicium aeternum" (vgl. Mt 13,49; 25,46) verließen, glaubten nicht aus Angst, sondern eher mit größerer Lust daran, dass sie auf dem rechten Weg sind. Am Nachmittag bringt mich ein Taxi zum höchstgelegenen Kloster Metamorphos (Megálo Meteora). Welche Enttäuschung – dienstags geschlossen! – Hätte ich doch vorher in meine Reisenotizen geschaut! Ich hatte mir die Öffnungszeiten genau ver-

Das Kloster Varlaám

merkt. Ich gehe zu Fuß hinunter zum Kloster Varlaám. Hier gibt es Haupt- und Nebenkirchen, eine verwirrende Vielfalt von ineinander geschachtelten Gebäuden. Die Fresken sind sehr gut erhalten. Das Kloster präsentiert in einem Museumsraum neben herrlichen Ikonen vor allem wertvolle illuminierte Handschriften, die zum großen Teil im 16. und 17. Jahrhundert im Kloster selbst angefertigt wurden.

Diese Meteoraklöster sind ein Weltkulturgut ersten Ranges. Sie waren für mich, abgesehen von Jerusalem, der Höhepunkt meiner Pilgerfahrt. Noch ein Wort zu diesen Klöstern: Ohne tiefen Glauben wären sie wohl nicht entstanden. Vor diesem Glauben hatten auch die Eroberer des 15. Jahrhundert – die Türken – Respekt. Und der Glaube versetzt nicht nur Berge, sondern er verzaubert sie auch!

Der Fußweg zurück zum Campingplatz hat mich durstig und hungrig gemacht. Es wird ausgiebig geschwommen und dann gut zu Abend gegessen. Dem Herrn sei Dank für diesen Tag!

Eine kritische Randbemerkung zu den Meteoraklöstern muss ich noch loswerden: In den einschlägigen Büchern wird immer behauptet, fünf Klöster hätten noch einen Konvent. Gesehen habe ich aber in den drei von mir besuchten Klöstern jeweils nur einen Mönch, und einer von diesen war ein "Pendelmönch". Morgens empfing bzw. begrüßte er die Besucher im Kloster Russánu, nachmittags war er in Varlaám! Das mag natürlich Zufall gewesen sein, aber der obligatorische Weihrauchgeruch fehlte in den Kirchen, und daraus folgere ich, dass dort seit Jahren nicht mehr zelebriert wird.

6. Im Norden und Osten Griechenlands – Wieder auf der Via Egnatia

30. Juli:
Heute ist Sonntag. Meine letzten Eintragungen sind vom 25.7. Ich bin in Komitini, einer Stadt zwischen Xanthi und Alexandropoli. – Nach mehreren Nächten im Zelt, die letzte an einem einsamen, schönen Sandstrand bei Louta Elefteron zwischen Amphipoli und Kavala, habe ich ein Hotel nötig. Zum Wochenende darf sich doch wohl ein Pilger diesen Luxus erlauben.

Am 26.7. hatte ich den schönen Campingplatz in Kalambaka verlassen und war durch die fruchtbare Thessalische Ebene über Trikala, Larissa Richtung Ägäisches Meer gestartet. Abends erreichte ich bei Platamonas die Küste. Ein wunderschönes grünes Tal führte mich dahin. Als ich mich unterwegs langsam einem Obstverkaufswagen näherte, kam mir der Verkäufer mit zwei großen Birnen entgegen. Dass ich bei soviel Großherzigkeit reichlich einkaufte, war selbstverständlich. Auf dem Campingplatz Heraklea am Strand von Paralia Skotinas, am Fuße eines festungsbewährten Hügels, fand ich noch ein kleines Plätzchen zum Zeltaufstellen. Der feuchte Boden ringsum war mir ein Rätsel, bis ich nach der kühlen Erfrischung im Meer des Rätsels Lösung sah: Der 15 Meter entfernte Wasserturm war übergelaufen und mein Zelt stand in einer großen Pfütze. Die acht Zentimeter hohe Wanne des Zelts hatte die Wasserprobe bestanden.

Am nächsten Morgen stand Haare schneiden auf dem Programm. Also fuhr ich am späten Vormittag von der Landstraße ab in die Stadt Katerini. Ich war kaum im

Stadtzentrum, als ich von einem Fahrradfahrer eingeholt wurde, der mich in akzentfreiem Deutsch begrüßte und nach meinem Ziel fragte. Er war gern bereit, mich zu seinem Friseur zu lotsen, obwohl er, nach seiner Kleidung zu urteilen, mitten in einer Arbeit steckte. In einem langen Sermon, den ich natürlich nicht verstand, stellte er mich seinem Barbier vor. Dann verabschiedete sich mein Lotse, und ich ließ mir – wie zuletzt vor 45 Jahren – einen so genannten "Stiftekopp" schneiden, d. h. die Haare wurden auf eine Länge von 3 mm gekürzt. Das ist für die Fahrt die zweckdienlichste Frisur. – Wenn das meine Frau sähe! – Ich zahlte übrigens nur knapp 3 DM. Als ich zum Schluss nach einem Optiker in der Nähe fragte, legte der Barbier sein Werkzeug beiseite und hieß mich mitzukommen. Vom Laden aus hätte er mir auch das Brillengeschäft zeigen können. Aber nein, er ließ es sich nicht nehmen, mich zu begleiten.

Die Weiterfahrt nach Thessaloniki (Saloniki), auf der Autobahn, ohne Einkehrmöglichkeit und ohne jeglichen Schatten, wurde zur reinsten Hölle. Solch heiße Luftströme, insbesondere wenn die Laster vorbeirauschten, habe ich auf meinen bisherigen Fahrten noch nicht erlebt! Auf den letzten 15 km musste ich in immer kürzeren Abständen eine Pause einlegen. Endlich in Thessaloniki angekommen, bin ich buchstäblich über einen Obststand hergefallen. Und dann nichts wie raus aus der schönen, aber heißen Stadt. Die alten Baudenkmäler aus byzantinischer Zeit, die Georgskirche, die Dimetrioskirche, die Stätten der frühen paulinischen Christenheit – ich hatte einfach keinen "Bock mehr darauf". Ein Hotel mit dem vielversprechenden Namen "Leonidas", des Heerführers der Spartaner im Kampf gegen Xerxes, lockte mit einer großen Reklametafel. Aber die Entfernung war nicht angegeben. Etwa sechs Kilometer musste ich mich bergauf ins Landesinnere quälen. Von spartanischer Einfachheit war im Hotel allerdings nicht die Rede. Ein feudales, teures Haus! Und mit der Visakarte konnte ich nicht einmal zahlen.

Der nächste Tag war klimamäßig erträglich. Er endete an einem herrlichen, einsamen Strand. Bevor ich von der hochgelegenen Küstenstraße den steilen Sandweg zum Strand hinunterfuhr, machte ich es mir an einem Kantinenwagen gemütlich. Auf einer einfachen, belaubten Terrasse vertilgte ich zwei Fleischspieße mit Beilagen und Brot. Und in solch einer Situation schmeckt das Bier auch mal aus der Dose. Mein Zelt wurde flutsicher etwa 15 m vom Wasser entfernt aufgeschlagen. Dann wurde der Staub der Landstraße durch ausgiebiges Baden abgewaschen, und nach weiteren zwei Dosen Bier fiel ich im Zelt in einen bleiernen Schlaf.

Ich bin am nächsten Morgen, am Samstag, dem 29. 7., nur wenige Kilometer geradelt, als ich an einer Kirche vorbeikomme, in die viele sonntäglich gekleidete Gläubige hineinströmen. Also, denke ich, da kannst du deine Sonntagsmesse vorwegnehmen und gehe hinein. Vier große runde Honigkuchen und ein großer weißer Zuckergusskuchen lachen und duften mich im Eingangsbereich der kleinen Kirche an. Seit dem Gottesdienst in Joannina weiß ich, dass ein Korb Brot zur Agape gehört. Die Kuchen und die festliche Kleidung der Gläubigen deuten darauf hin, dass hier ein besonderes Fest gefeiert wird. Der Gottesdienst dauert eineinhalb Stunden. Mein nüchterner Magen lechzt immer mehr nach dem vor mir stehenden Kuchen. Verständlich, dass meine Andacht zu wünschen übrig lässt. Und zum Schluss ein innerer Aufschrei: Die Kuchen werden nicht, wie erhofft, in der Kirche verteilt. Man trägt sie in feierlicher Prozession in das Pfarrheim. In meiner Fahrradkluft wage ich es nicht, mich anzuschließen. – So etwas nennt man Pech.

Auf der Weiterfahrt Richtung Xanti muss ich viele Wasserstellen anfahren. Die Hitze zwingt mich dazu. Das hat auch eine gute Seite: Ich komme immer wieder mit Menschen ins Gespräch. Meist sind es türkische Großfamilien, die aus Deutschland kommen und in der Türkei ihren Urlaub verbringen wollen.

In Xanti muss ich meine Geldbörse auffüllen. Ich ziehe die Scheine "us d'r Muèr", wie es Freund Wim Dodemond aus Holland damals in Santiago de Compostela treffend sagte, also aus einem Geldautomaten, eingelassen in der Hauswand. Und danach habe ich Hunger auf Kuchen und Durst auf Kaffee oder Tee. Ich lande in einem kleinen Café, und Hunger und Durst werden gestillt. Ein so genannter Phrappee (kalter, starker Kaffee mit Milch, Zucker und Eiswürfeln) weckt wieder alle Lebensgeister. Der Wirt gibt mir für meine Weiterfahrt Ratschläge fürs wilde Campen. An der genannten Stelle angekommen, ziehe ich es allerdings vor weiterzufahren. Und so bin ich gestern in Komotini angekommen. Mit einem rundum zufriedenen Glücksgefühl (bislang keine großen Probleme, gut in der Zeit und schon kurz vor der türkischen Grenze) bin ich heute Morgen zum sonntäglichen Spaziergang gestartet. Die Rundkuppeln eines byzantinischen Baues ziehen meine Aufmerksamkeit auf sich. Es dauert ein paar Minuten, bis ich einen

Durchlass durch die abschirmenden Häuser gefunden habe. Es öffnet sich mir auf einem parkähnlichen Grundstück ein herrliches Gebäudeensemble. Ein junger Mann kommt auf mich zu und lädt mich ein zur Besichtigung. Ich habe das Diözesanmuseum von Maronia und Komotini gefunden! – Zufall? – In drei restaurierten Gebäudeteilen eines ehemaligen Altenheims ist eine Sammlung alter Ikonen, Kirchenbücher und Liturgiegefäßen ausgestellt. In aller Ruhe kann ich in der Bild gewordenen Heiligen Schrift der Ikonen meine sonntägliche Morgenbetrachtung halten. Am späten Nachmittag suche ich die alten Stadtmauern. Auf dem Weg dorthin finde ich mitten in einer Häuserfront – kenntlich durch einen kleinen Glockenturm – eine offenstehende Kapelle. Die Wände sind bis zum Deckengewölbe hoch mit Ikonen drapiert, kleine und große, primitiv gemalte und wertvolle alte und das alles in einem nur fünf mal drei Meter großen Raum. Viele lange, bleistiftdicke brennende Kerzen sorgen für eine sakrale Atmosphäre. Und dann stoße ich, nur 100 m von der Kapelle entfernt, auf die Bistumskirche "Mariä Himmelfahrt". Die alte holzgeschnitzte Ikonenwand soll, wie ich gelesen habe, eine der wertvollsten Griechenlands sein.

31. Juli:
Auf der Weiterfahrt in Richtung türkische Grenze merkt man mehr und mehr den jahrhundertealten Einfluss des Islam. Da gibt es zwar orthodoxe Kirchen; diese dürften aber, der Bausubstanz nach zu urteilen, in den letzten 70 Jahren gebaut worden sein.

An der griechisch-türkischen Grenze mache ich meine ersten Erfahrungen mit pedantischen Pass- und Zollkontrollen. Auf beiden Seiten gibt es nur höfliche, aber langsam arbeitende Beamte. Als Exot auf dem Fahrrad genießt man jedoch eine gewisse Narrenfreiheit. An den Schlangen von Autos kann ich ungehindert vorbeifahren. Gleich hinter dem Grenzübergang Kipoi (vor Ipsala) werde ich auf der Mericbrücke von einer Gruppe junger türkischer Soldaten angehalten, aber nicht um mich zu kontrollieren, sondern um ein Schwätzchen mit mir zu halten. Sie fragen mir geradezu ein Loch in den Bauch. Ihre Bewunderung für mein Unternehmen scheint ehrlich gemeint und nicht eine reine Höflichkeit zu sein. – Ich fahre an diesem ersten Tag in der Türkei bis Kesan und übernachte im Zelt auf der Spielwiese eines Restaurants.

2. August:
Der gestrige Tag hatte keinen guten Anfang. Ich hatte zwar in meinem Zelt auf der Wiese des Restaurants bei Kesan gut geschlafen, konnte auch in den über Nacht offen gebliebenen Nassräumen meine Morgentoilette machen; aber der verhasste Gegenwind meldete sich zur Stelle. Bis zum Mittag hatte ich nur 25 km geschafft. Um meinen knurrenden Magen zu beruhigen, verließ ich die Landstraße und fuhr das nächste Dorf an. Hier war offensichtlich bittere Armut Trumpf. Für mittelalterliche Filmszenen hätte man hier eine natürliche Kulisse gehabt. In einem kleinen Kramladen fragte ich nach einem "locanta" (Restaurant). Und dann lief alles wie eingeübt: Der junge, freundliche Ladeninhaber wechselte mit einem Gegenüber in 40 m Entfernung einige Sätze, die ich natürlich nicht verstand, und deutete mir an, dass ich mitkommen sollte. Und dann stand ich in einem etwa fünf mal fünf Meter großen Raum, wo ich herzlich vom Küchenmeister willkommen geheißen

wurde. Der Raum war mehr Küche als Restaurant. Ein großer runder Fleischerholzblock, ein glühender Grill mit Gas betrieben und ein großer altmodischer Kühlschrank deuteten darauf hin, dass es hier etwas zu essen gab. Es war wie in einer Armenküche oder Garküche vergangener Jahre. An den zwei Wänden neben dem offenen Eingang war jeweils ein breites Brett als Tisch fest verankert. Davor saß man mit dem Gesicht zur Wand. Es waren schon fünf Männer aus dem Dorf oder der Umgebung gekommen. Sie saßen schweigend am Tischbrett und aßen das Tagesgericht. Wer sein Brot, seine große Frikadelle und den Jogurt gegessen hatte, stand wortlos wie er gekommen war auf und machte dem nächsten "Kostgänger" Platz. Der Wirt wollte mir als besonderem Gast zum Joghurt eine Tasse anbieten. Das lehnte ich höflich ab und trank aus der Flasche wie die anderen Gäste auch. Ich habe mit Heißhunger zwei große wohlschmeckende Hackfleischfladen (Kebab) und Brot gegessen. Derweil saß mein Begleiter aus dem kleinen Laden von gegenüber als Dolmetscher mit in der Runde. Für das Essen habe ich etwa 6 DM bezahlt. – Ich sollte noch bemerken, dass in der Wirtsstube auf Sauberkeit peinlich geachtet wurde. Ein etwa 13-jähriger Bub, wohl der Sohn des Wirts, kellnerte nicht nur, sondern fegte auch den Boden und wischte mit einem weißen Küchentuch die frei werdenden Tischplätze. Mein ansehnliches Trinkgeld lieferte er sofort dem Wirt ab, nachdem ich es ihm förmlich aufdrängen musste. Um mich beim Ladeninhaber erkenntlich zu zeigen, kaufte ich für die nächsten Tage eine Menge an Keksen, Powerriegeln und Schokolade ein. Ich wurde erst entlassen, nachdem ich mit dem Ladeninhaber und seinem Freund, der mir als Dolmetscher gedient hatte, einen süßen Cay (Tee) getrunken hatte. Ein würdiger Abschluss eines außergewöhnlichen Mittagessens. Und ich bekam, wie ich abschließend dazu bemerken sollte, eine Kostprobe orientalischer Gastfreundschaft mit auf den weiteren Weg durch Kleinasien.

Es verging keine Viertelstunde nach dem Verlassen des kleinen Ortes, als ich vom Fahrradalltag eingeholt wurde. Drei Kilometer hinter dem Dorf, es hieß übrigens Inecik, braute sich ein Gewitter zusammen. Es ging sehr schnell, und ich erreichte gerade noch eine Schutzhütte für Feldarbeiter, als dicke Tropfen, gemischt mit taubengroßen Hagelkörnern, herunterprasselten. Das Gewitter ging so schnell vorüber, wie es gekommen war.

7. Orientalisches Ambiente

Die Landschaft in Richtung Istanbul ist abwechslungsreich. Intensiv bewirtschaftete Felder liegen zwischen mageren großflächigen Weiden und Baumgruppen. Die Landstraße verläuft schnurgerade und nur selten ist eine Strecke flach. Auf kurze Abfahrten folgt meist ein langgezogener Anstieg. Bei Dunkelheit landete ich vor Sultankoy in einem BP-Hotel. Am Nachmittag hatte ich bei Tekirdag wieder das Mittelmeer erreicht und war in einem schönen Restaurant zum Tee trinken abgestiegen. Danach wollte ich noch einen Geldautomaten suchen und ihn um einige Millionen erleichtern. – Die Inflation in der Türkei hat es ja geschafft, dass jeder Millionär ist! Ich war bald der Mittelpunkt auf der Terrasse des Restaurants und konnte von dort aus die Uferpromenade und den Hafen überblicken. Aus einer beschaulichen Ruhestunde wurde jedoch nichts. Meine Fahrradkluft und mein bepackter Drahtesel erregten Aufsehen. Sechs junge Kellner wollten das Übliche wissen und mir weiterhelfen. Und das kam mir gelegen. Ein junger Mann bot sich gleich an, mit mir zur Innenstadt hinaufzugehen. Nur dort seien Geldautomaten. Und so erlebte ich die erste Stadt mit orientalischem Ambiente. Mir schien, dass ich in dem dichten Fußgängerstrom der einzige Ausländer war. Das Geldziehen am Automaten machte Schwierigkeiten. Der deutsche Text war missverständlich. Die Kreditkarte kam aber Gott sei Dank immer wieder heraus. Ein junger Offizier half mir schließlich und trat höflich zurück, als ich meine PIN-Nummer eingeben sollte. Es ist ein beruhigendes Gefühl, für die nächsten Tage in der Geldbörse und im Leibgurt mit einigen 100.000-Lira-Scheinen gewappnet zu sein.

Ins Lokal zurückgekehrt, servierte man mir ungefragt wieder Tee und Süßigkeiten. Natürlich hatte ich meinem Begleiter zuvor ein gutes Trinkgeld gegeben. Nun interessierten sich auch noch Gäste für den Sonderling. Ein junges, sympathisches Ehepaar, Türken aus Mannheim zu Besuch bei Verwandten in der Türkei, wirkten als Dolmetscher und luden mich zum nächsten Cay ein. Als ich – nicht ungern – mein Alter preisgeben musste und vom letzten Tag im 67. Lebensjahr sprach, kam bald ein Teller mit einer besonderen, nur in dieser Gegend bekannten Süßigkeit. Es war eine undefinierbare Masse, die vier Eisbällchen mit Kokosflocken und Sirup glich. Das deutsch-türkische Ehepaar, das mir diese Spezialität als vorweggenommenen Geburtstagsgruß kredenzte, erklärte mir, es sei ein süßes Käsegericht. – Es war eines der besten Desserts, die ich je gegessen habe. – Während wir uns unterhielten, fiel mir auf, dass die junge Frau etwas auf einen Zettel schrieb. Als sie mir diesen schließlich reichte, meinte sie, damit könne ich in Notfällen weiterkommen. Es war also ein Empfehlungsschreiben in türkischer Sprache. – Welch eine noble Form der Gastfreundschaft!

Ich komme zeitlich noch einmal zurück zum BP-Hotel in Sultankoy: Beim Abendessen fielen mir sechs Gäste auf, die unverkennbar eine Wandergruppe bildeten. Sie unterhielten sich in einer slawischen Sprache. Am nächsten Morgen wurde ich von einem der Herren angesprochen. Es stellte sich heraus, dass die Gruppe zu Fuß von Polen auf dem Weg nach Istanbul war und dass sie – welch ein Zufall – auch schon nach Santiago de Compostela gepilgert war. Dass ich nun als Jakobspilgerbruder an ihrem Frühstückstisch Platz nehmen musste, war selbstverständlich. Bevor wir uns trennten,

Die restaurierte Stadtmauer von Konstantinopel (Istanbul)

wurden die Adressen ausgetauscht. Ich bestieg mein Fahrrad, und die Polen schulterten ihre Rucksäcke. – (Anfang September erhielt ich von den Pilgern aus Betlehem eine Postkarte. Ich schätze, dass sie durch die Türkei mit öffentlichen Verkehrsmitteln oder von Istanbul aus mit dem Schiff nach Israel gefahren sind. Zu Fuß können sie jedenfalls die Strecke, die ich mit dem Fahrrad bis 31. August zurückgelegt habe, nicht geschafft haben).

Von Késan bis Istanbul, dem alten Konstantinopel, brauchte ich also zwei Tage. Ich erinnere mich an meine Studien zum 1. Kreuzzug, dessen Spuren ja mein Begleitthema sind: 1098 n. Chr. verließ Herzog Bohemund in Russa, dem heutigen Kesan, das Kreuzritterheer, um vorausreitend Basileus in Konstantinopel das anrückende Kreuzritterheer zu melden und die ersten Kontakte mit Ostrom aufzunehmen. Ich schicke hier voraus, dass der irreguläre Heerhaufen des ersten Kreuzzugs, die Scharen von Peter dem Einsiedler, bereits hinter Konstantinopel vor Nicäa, dem heutigen Iznik, von den Seldschuken schon völlig aufgerieben worden waren. Auf dieses Debakel komme ich an Ort und Stelle – so Gott will – (d. h. wenn nichts dazwischen kommt) zurück. Ich erinnere hier an das Kreuzritterheer, das am 15. August 1096 n. Chr. sich an verschiedenen Orten in Frankreich in Bewegung setzte. 300.000 Menschen sollen es gewesen sein, so meldete es jedenfalls Papst Urban II. dem byzantinischen Kaiser als Antwort auf dessen Hilferuf gegen die Ostrom bedrängenden Seldschuken, die Türken. Eine ungeheure Heermasse, begeistert und entflammt, "im Kern ein imponierendes Aufgebot kriegserfahrener Fürsten und händelfreudiger Haudegen, aber an körperliche Strapazen meist ungewöhnt", zusammengehalten durch gemeinsamen Wunsch und Willen, die Ungläubigen, wie die Moslems genannt wurden, "die Kraft der Schwerter spüren zu lassen". So berichten die Historiker übereinstimmend. In dieser "ersten KFOR" Europas gab es bekanntlich fünf Heeresgruppenkommandeure: Graf Hugo von Vermandois, der Bruder des französischen Königs, Herzog Bohemund von Tarent, ein Normanne, mit der bestausgebildeten Einheit, Graf Raimond von Toulouse, Graf Gottfried von Bouillon und Herzog Robert von der Normandie. Es fehlte allerdings eine Kommandohierarchie. Das Heer war ohne Kopf. Lediglich Bischof Adhemar von Puy, der Legat des Papstes, konnte die höchste moralische Autorität beanspruchen. Doch "der hatte seine liebe Not mit den aufgeblasenen, bärbeißigen Herren", wie ein Historiker meint.

Ich erwähnte oben in meinem historischen Rückblick, dass Herzog Bohemund mit einer Ritterkohorte das Heer Richtung Konstantinopel verließ. Er brauchte bis dorthin acht Tage. – Ich schaffte es mit meinem Drahtesel in zwei Tagen.

Gegen 17.00 Uhr fuhr ich heute durch die breite Stadtmauerbreche in die Altstadt. Schon allein der Anblick der Reste der ehemals dreistufigen Stadtbefestigung ist überwältigend. Im 5. Jahrhundert von Kaiser Justinian erbaut, trotzte diese Stadtmauer von 17 km Länge acht Jahrhunderte den feindlichen Angriffen. Als im Jahr 1204 n. Chr. die Venezianer und die Kreuzritter des 4. Kreuzzuges die Stadt eroberten, gelang dies nur deshalb, weil der Kaiser keine Armee hatte, die alle Türme besetzen konnte. Die Chronisten berichten, dass damals der Wind zufällig zwei venezianische Kriegsschiffe an die Türme der Hafenbefestigung herantrieb und die Besatzung der Schiffe ohne Gegenwehr in die Stadt eindringen konnte. Die Kreuzritter des 1. Kreuzzuges mussten übrigens ihr Lager außerhalb der Stadt aufschlagen. Nur die Heerführer wurden von Basileus Alexios empfangen, schwuren nach anfänglichem Weigern den Treueid, und so endete die erste Begegnung von Kreuzrittern des ersten regulären Kreuzzugs und der Hierarchie Ostroms trotz Querelen auf dem Zug durch Griechenland mit einem versöhnlichen Finale.

Wenn man sich zum Thema der eigenen Pilgerfahrt nach Jerusalem die Suche nach den Spuren der spektakulärsten Pilgerfahrten, eben die der Kreuzzüge des Mittelalters, gemacht hat, dann wäre Konstantinopel, das heutige Istanbul, ein abendfüllendes Programm. Ich ziehe es jetzt allerdings vor, die Küche des kleinen, schönen Hotels – nur 250 m von der Hagia Sophia entfernt – zu testen und von der Terrasse des Restaurants hoch oben im Dachgeschoss aus in der Abendsonne die Aussicht auf die Uferpromenade, den Bosporus und den gegenüberliegenden Stadtteil von Istanbul zu genießen.

3. August:
Als ich heute morgen die berühmte Hagia Sophia, nach den Meteoraklöstern mein zweites Etappenziel, die ehemals bedeutendste Kirche der Ostkirche betrat, musste ich an die Plünderungen der Stadt im Jahre 1204 n. Chr. denken. Mir schien beim Betreten der seit der Eroberung der Stadt durch die Moslems nicht mehr als Kirche genutzten Hagia Sophia, dass sie eine zweite Plünderung in der Gegenwart erlebt haben müsse: Eine düstere, stickige Atmosphäre umfing mich. Unübersehbar

Mosaik im Narthex der Hagia Sophia
(Maria zwischen Justinian und Konstantin)

und für den Besucher kolossal störend ein riesiges, bis in die Hauptkuppel ragendes, verrostetes Gerüst, aber sonst keine Spur von Restaurierungsarbeiten! Kein Mosaik in den Kuppeln und Konchen ist ohne große Schäden! Das berühmteste, älteste Bauwerk Europas vergammelt! – Wohin ist das Geld der Unesco, das zur Restaurierung bestimmt war, geflossen? – Und dieses gewaltige Bauwerk war doch jahrhundertelang Symbol der Macht des oströmischen Reiches und der christlichen Religion. Hier wurden seit 334 n. Chr. die römischen Kaiser gekrönt. Seit Konstantin dem Großen war Byzanz, nun Konstantinopel genannt, das zweite Rom. Von hier entsandte z. B. Kaiser Zenon den Gotenkönig Theoderich nach Italien mit dem Auftrag, dort die Rolle des germanischen Reichsverwesers Odoaker zu übernehmen. Um die Jahrtausendwende, also in der prägenden Vorgeschichte der Kreuzzüge, gab es weder in der abendländischen noch in der arabischen Welt ein Land, das mit dem byzantinischen Reich wetteifern konnte. Wer hier mit Macht regierte, sagt R. Pörtner, dem gehorchte die Welt. – Apropos regierte: Auch eine Frau, Kaiserin Irene, die sich selbst Basileus, nicht Basilissa nannte, regierte von 797 bis 802 n. Chr. und verteidigte in dieser Zeit skrupellos den Thron. Den eigenen Sohn ließ sie einkerkern und blenden. Aber sie hatte ein Herz für die Armen. Zahlreiche karitative Einrichtungen rief sie ins Leben, und in der Verbannung lebte sie ohne zu murren von ihrem Lohn als Schneiderin. Vom 9. bis 11. Jahrhundert waren byzantinische Staatskunst und Diplomatie, Verwaltung und Rechtsprechung, Steuertechnik und Armenfürsorge konkurrenzlos in der Welt. Die Wirtschaft florierte und die Ordnung des Alltags wurde durch die Morde und Intrigen am Hof kaum gestört. Literatur, Kunst und Wissenschaft erlebten in der makedonischen Renaissance des 9. und 10. Jahrhunderts eine Hochblüte. Die byzantinischen Mosaiken der damaligen Zeit sind einmalige Meisterwerke, und die wenigen gut erhaltenen Mosaiken im Narthex der Hagia Sophia lassen erahnen, welche Pracht die Basilika einmal ausstrahlte.

Mein heutiges Programm bot mir eine Fülle von bleibenden Eindrücken. Ich besuchte, das muss ich noch vom gestrigen Tag nachtragen, die Blaue Moschee. Ich hatte mal wieder "Pilgerglück": Ein vornehmer älterer Herr bot sich als Führer an, und seine zweite Muttersprache war Deutsch. Er war Besitzer eines großen Lederwaren- und Teppichgeschäftes, was ihn nicht davon abhielt, jeden Tag für ein kurzes Gebet in die Blaue Moschee zu gehen. Sein kunstgeschichtlicher Vortrag war druckreif. Eine Nebenbemerkung möchte ich hier festhalten: Ich wurde gefragt, ob ich wisse, woher der Mercedesstern stamme. Ich musste passen, und da wies mein Begleiter auf die Bordüre an der Basis der vier großen Säulen hin, wo vor 600 Jahren der Steinmetz den Sockelwulst mit aneinander gereihten Sternen geschmückt hat. Unverkennbar ist die Größe und das Profil des Logos der deutschen Automobilmarke Mercedes. Hier soll um die Jahrhundertwende Daimler oder Benz gestanden, auf das Ornament der Säule hingewiesen und gesagt haben, er brauche nicht mehr länger nach einem Firmenemblem zu suchen. – Den überdachten Basar, den Suq, besuchte ich heute Vormittag. Es soll der größte der Welt sein. Sobald man den Eingang hinter sich gelassen hat, wird man aufgesogen in den gewaltigen Menschenstrom von Schaulustigen und Käufern.

Die Blaue Moschee in Istanbul

Groß ist das Staunen! Und eine Stunde vergeht wie im Fluge. Den verlockenden Angeboten kann man kaum widerstehen. Ich begnügte mich mit Obst und Süßigkeiten. Hinter dem ägyptischen Gewürzbasar kam ich wieder "an die frische Luft" und hatte nach 100 m mein nächstes Ziel: die Rüstem-Pascha-Camii-Moschee, ein Kleinod osmanischer Baukunst, erreicht. Diese Moschee ist auch berühmt für die Farben und zarten Muster ihrer Fayencen aus der Blütezeit osmanischer Keramikkunst.

Am Nachmittag brachte mich ein kundiger Taxifahrer, nachdem ich eine Rundfahrt von zweieinhalb Stunden zu den größten Sehenswürdigkeiten mit ihm für etwa 45 DM ausgehandelt hatte, zur Süleyman-Moschee und zu einem weniger bekannten aber umso sehenswerteren Museum, einer ehemals byzantinischen Kirche, der Chora-Kirche, deren Fresken und Mosaiken gut erhalten sind.

Es ist jetzt später Abend. Die vielen Besichtigungen und der anschließende Bummel durch die Innenstadt haben mich müde gemacht. Von der nahe gelegenen Moschee tönt nun der Gebetsruf des Muezzins per Tonband in die Runde. – Ein automatisiertes Gebet! – Dass die vielen wirklich frommen Muslime das ertragen können, wundert mich.

8. In Kleinasien

4. August:
Heute Morgen kam mit der Hotelrechnung die große Überraschung: Meine Freude, es geschafft zu haben, den Übernachtungspreis von 100 Dollar auf 100 DM heruntergehandelt zu haben – das war bei meiner Ankunft am Nachmittag des 2. August bekam einen gehörigen Dämpfer. Man berechnete mir zusätzlich 10 Prozent für das Personal des Hauses und zeigte erklärend auf ein kleines Messingschild an der Wand hinter der Theke, das ich natürlich nicht gesehen und gelesen hatte. Mein Hinweis auf gezahlte Trinkgelder an Kellner und Zimmermädchen wurde überhört. – Und dann kam der Hammer: Als ich meine Visakarte zückte, sagte der Levantiner, wenn ich damit zahlen wolle, gelte die DM rund 14 Prozent weniger als der übliche Kurs. Ich solle "cash" zahlen; aber da fehlten mir die Dollarscheine und meine Dollar-Travellerschecks wollte ich nicht opfern. Die waren für meine Ausgaben in Syrien, Jordanien und Israel vorgesehen. Also zahlte ich mit Visakarte und verließ verärgert das Hotel. Mit dem leisen Vorwurf, ein solch feudales Hotel sollte ein Pilger nicht buchen, tröstete ich mich.

Die Sonne lacht mir entgegen, als ich an der guterhaltenen Mauer des Topkapiareals entlang zur Uferpromenade hinunterradle. Ich folge der Umschließungsmauer und am Beginn des Goldenen Horns geht es über die Galatabrücke zur Neustadt Istanbuls. Ich will auf der Uferstraße zur Auffahrt der Europabrücke, der Bogazici Köprüsü, die den Bosporus überspannt und Europa mit Asien verbindet. Die Villen und Paläste zwischen Uferstraße und Meerenge sind beeindruckend. Den Schatten der uralten gewaltigen Baumriesen der Parkanlagen werde ich bald vermissen.

Die Anfahrt zur Brücke über den Barbados-Boulevard ist ein großer Umweg. Es geht natürlich bergauf, denn in etwa 70 Meter Höhe über dem Bosporus beginnt die Hängebrücke. Mit gemischten Gefühlen fahre ich auf ein Wachthäuschen zu, dessen Zerberus, ein mit einer MP bewaffneter Soldat, mir entgegenschaut. Ich bin noch einige Meter entfernt, als er schon Halt gebietend eine Hand hebt. Es folgen zunächst die üblichen Regularien: Pass vorzeigen, eine Runde – mit kritischem Blick aufs Gepäck – ums Fahrrad. Seine Fragen verstehe ich nicht, und er versteht nicht mein Englisch. Schließlich holt er sich per Telefon Rat bei seinem Vorgesetzten, und dann endlich darf ich zu Fuß über den breiten Fußgängerstreifen neben der Fahrbahn auf die Brücke. Das unbeschreibliche Glücksgefühl stellt sich wieder ein, als ich mich dem Scheitelpunkt der Brücke nähere. Wenn mich mein Schätzungsvermögen als ehemaliger Privatpilot nicht täuscht, ist die Brücke höher als 80 Meter über NN. Meine Champagnerlaune stirbt jäh ab, als ich den Postenkollegen von drüben im Laufschritt und mit der MP in der Hand auf mich zukommen sehe. Ihm war wohl telefonisch signalisiert worden, dass sich ein seltenes Phantom nähere. Der Herr Soldat ist aber sehr freundlich und so komme ich auch einmal in den Genuss eines Bodyguards.

Und nun bin ich in Asien. Es soll noch einige Tage dauern, bis ich den klimatischen und geologischen Unterschied wahrnehme.

Am Südostufer des Bosporus angekommen, mache ich kurz Halt, um ein Foto mit der Brücke im Hintergrund zu schießen. Ein gutgekleideter Herr spricht mich in Deutsch an, stellt sich vor und lädt mich nach dem üblichen Woher und Wohin in sein Haus zum Frühstück ein. Ich muss leider dankend nein sagen, denn im Hotel hatte ich nach Eichhörnchen-Art zwar nicht für den Winter, wohl aber für den ganzen Tag vorgesorgt.

Mein nächstes Ziel ist Iznik, das frühere Nicäa. Von Konstantinopel nach Nicäa führte 1097 n. Chr. auch der Weg des 1. Kreuzzugs. Für die Heerhaufen gab es allerdings seinerzeit keine elegante, breite Brücke über den Bosporus. Als die Scharen Peters des Einsiedlers nach einwöchigem Aufenthalt vor den Mauern Konstantinopels sich durch eigenmächtiges Fouragieren und Raufereien mit Einheimischen in Verruf gebracht hatten, wurden sie mit kaiserlichen Frachtschiffen übergesetzt und ihrem eigenen Schicksal im feindlichen, von den Seldschuken des Sultans Kilidsch Arslan beherrschten Gebiet überlassen. Bei Civitot, dem heutigen Altinova oder Karamürsel, wurde ein Lager aufgeschlagen. Plünderungen in den benachbarten Dörfern waren an der Tagesordnung, wie es in den Berichten heißt. Und als ein französischer Ritterhaufen bis in einen Vorort von Nicäa vordrang und sogar die Burg von Xerigordon stürmte, war die Geduld des Sultans am Ende. Die Kreuzritter wurden in der Burg eingeschlossen und von den Quellen außerhalb der Burg abgeschnitten. Zum ersten Mal mussten Kreuzfahrer erfahren, was es heißt, unter der glühenden Sonne Kleinasiens gegen einen mit der Natur des Landes vertrauten Gegner Krieg zu führen. Ein anonymer Geschichtsschreiber berichtet, dass der Durst Halluzinationen in ihren ohnehin verwirrten Köpfen hervorgerufen habe. Sie hätten das Blut ihrer Pferde und Esel getrunken. Die Türken machten bald kurzen Prozess: Entweder Übertritt zum Islam und ab in die Sklaverei oder einen Kopf kürzer! Als dann von den Türken im Peterschen Lager bewusst das falsche Gerücht von der Eroberung Nicäas verbreitet wurde, bahnte sich die Katastrophe an. Als die wenigen Flüchtlinge aus Xerigordon das Gegenteil vermeldeten, wollte man Rache nehmen. Man brach auf, so wird bei R. Pörtner berichtet, und geriet schon drei Meilen entfernt in einer bewaldeten Tallandschaft in den Hinterhalt der Türken. Aufgelöst und unter zahlreichen Verlusten flohen die Kreuzzugspilger zurück ins Lager. Dort vernichteten dann die Seldschuken die Peterschen Horden fast vollständig. Ein Rest verbarrikadierte sich in einem verlassenen Schloss, bis von Kaiser Alexios per Schiff Hilfe kam. Sie wurden entwaffnet und nach Hause geschickt. So endete der Kreuzzug des Volkes in einem Debakel. Ein Historiker urteilt etwas zynisch: Man müsse Peter dankbar sein; habe er doch Europa von nutzlosem Gesindel befreit.

Peter der Einsiedler, der sich Monate später, als das Hauptheer des 1. Kreuzzugs nachrückte, diesem anschloss, wurde noch zu Lebzeiten ein Mythos. Er wurde hymnisch besungen und verherrlicht und zu einer "monströsen Gestalt" (Pörtner) hochstilisiert. – Die Moral von der Geschichte: Das Charisma eines Demagogen überlebt nicht nur seine eigene Niederlage oder seinen eigenen Misserfolg, sondern auch die Leiden und Unglücke, die er anderen bereitet hat.

Ich komme in die Gegenwart zurück: Gegen Mittag bin ich bereits in Gebze und fahre von dort aus zur Anlegestelle der Fähre, die mich über die Bucht von Körfez (Izmit Körfezi) nach Topcular bringt. So erspare ich mir einen Umweg von 80 Kilometer. In Karamürsel steuere ich eine Bar an, trinke mehrere Cay und lasse mir vom benachbarten Bäckerladen Brötchen holen. Ungewollt bin ich sofort der Mittelpunkt. Ich nehme mir für ausgiebige Gespräche Zeit, und als ich aufbrechen und zahlen will, wird mir bedeutet, dass ich aller Gast gewesen sei und dass man mir eine gute Weiterfahrt wünsche.

Von Karamürsel aus geht es steil bergan Richtung Iznik. Die Berglandschaft ist herrlich. Ich habe eine weite Sicht und je höher ich komme, desto mehr gleicht die Gegend dem Alpenvorland. Die Abfahrten sind nicht ungefährlich. Hier werden keine scharfen Kurven angezeigt und die Kehren liegen voller Sand und Geröll. In einem kleinen, einsam gelegenen Dorf stehen plötzlich drei bewaffnete Soldaten vor mir und halten mich an. Sie gehören zu einer kleinen Garnison, die etwas abseits der Straße hinter Stacheldraht liegt. Ich zeige meinen Reisepass, die Herren befühlen mein Reisegepäck, ich öffne meine Lenkradtasche, dann darf ich weiterfahren. An solche sporadischen Kontrollen muss man sich als Tourist gewöhnen.

Am Abend habe ich auf einem neu angelegten Sportrasen in der Gesellschaft eines schrulligen alten Platzwarts mein Zelt aufgeschlagen. Bis zum Sonnenuntergang saßen wir auf einer wackligen Bank am Clubhaus. Mit der wohltuenden Ruhe war es dann vorbei, als spätabends die Sportfreunde kamen und zu werkeln begannen. Ich habe trotzdem meinen Schlaf gefunden.

Man ist, wenn ich das einmal einflechten darf, auch mit 68 Jahren offensichtlich nicht zu alt, um sich anderen Lebensgewohnheiten anpassen zu können. Voraussetzung ist allerdings, dass man sich ein besonderes Ziel in einem überschaubaren Rahmen freiwillig gewählt hat, dem Unwägbarkeiten unterzuordnen bereit ist. So lässt es sich mit dem in der heutigen Zeit üblichen Campingkomfort, also mit doppelter Wandung des Zelts, mit Isomatte, selbstaufblasbarer Matratze und mit leichtem Schlafsack auch auf steinigem Wüstenboden schlafen. Dabei hilft natürlich die durch körperliche Anstrengungen eingetretene Müdigkeit.

9. In Iznik, dem alten Nicäa

5. August:
Ein für einen Rheinländer seltenes Naturereignis bot sich mir am heutigen Morgen: Hinter meinem Zelt grasten in etwa 40 Meter Entfernung zwölf Störche. Sie standen im Gegenlicht der goldenen Morgensonne auf dem leicht dampfenden feuchten Rasen. Dieses Bild hat sich mir wie ein Foto ins Gedächtnis eingebrannt.

Die Störche ließen sich durch mich nicht stören. Sie standen noch im Wiesengrund, als ich mit meinem Fahrrad an ihnen vorbei Richtung Iznik fuhr.

Wenn man in der Mittagszeit bei etwa 35 Grad im Schatten zum Pass von Yukarimahalle hinauffährt bzw. schiebt und dann zum Izniksee hinabfährt, erahnt man die Strapazen der wenigen französischen Kreuzritter, die damals nach der Niederlage bei Nicäa, dem heutigen Iznik, mit den Seldschuken im Nacken zurückflüchteten. Das reguläre Heer des 1. Kreuzzugs marschierte übrigens etwas östlicher über Nikomedia, dem heutigen Kocaeli, gegen Nicäa, der damaligen Hauptstadt der Seldschuken. Es sollen 300.000 Mann gewesen sein. Auf den Feldern von Civitot hatten sie die gebleichten Gebeine der Erschlagenen von Peters Kreuzzugscharen gesehen.

Die Uferlandschaft des Sees von Iznik scheint sehr fruchtbar zu sein. Auf einem breiten Gürtel wird bis zu den Anhöhen, von denen ich heruntergekommen bin, intensive Landwirtschaft betrieben.

Gegen Mittag fahre ich an einer gut erhaltenen Stadtmauer vorbei in die Innenstadt von Iznik. Meiner Fahrweise ist wohl anzusehen, dass ich auf der Suche nach etwas bin, denn ich werde von einem jungen Mann angesprochen, der sich mir als Führer zu den alten Sehenswürdigkeiten der römischen und byzantinischen Epochen anbietet. – Es ist kaum zu glauben, aber auch heute noch sind die leidigen Ereignisse der Kreuzzüge im Wissen der gebildeten Schichten der Stadtbewohner vorhanden. Mein freundlicher Führer, er ist Doktorand an der Istanbuler Universität, zeigt mir zuerst die Ausgrabungen des römischen Amphitheaters – zur Zeit wird dort von Archäologen fleißig gebuddelt –, und dann führt er mich zu den Ruinen der christlichen Basilika aus dem vierten Jahrhundert, wo unter Kaiser Konstantin die von ihm zusammengerufenen Bischöfe im Ersten Ökumenischen Konzil von 325 n. Chr. die Irrlehren des Arianismus verwarfen, das nicäische Glaubensbekenntnis formulierten und, das darf man unterstellen, in dieser Basilika verkündeten.

An der weitgehend erhaltenen nördlichen Stadtmauer und an den Türmen und Stadttorresten im Süden lässt sich unschwer erkennen, dass die einst 7 Kilometer lange Mauer ein gewaltiges Bauwerk war und für das anrückende Kreuzritterheer einen absoluten Stopp bedeutete. Die Katapulte und Belagerungstürme der damaligen Zeit konnten einem solchen Bollwerk nichts anhaben. – Das große Heer der Kreuzritter schloss im Norden, im Osten und im Süden die Stadt ein. Im Westen grenzt der See unmittelbar an die Stadtmauer. – Die Hauptstadt der Seldschuken zu erobern und Sultan Kilidsch Arslan zur Entscheidungsschlacht herauszufordern, musste als strategische Notwendigkeit erachtet werden. Die den Kreuzrittern feindlich gesonnenen

Seldschuken hatten durch die gnadenlose Vernichtung der Peterschen Scharen gezeigt, welches Schicksal auch den nachfolgenden Kreuzrittern drohte. Zudem hatte natürlich der Anblick der Überreste der erschlagenen Kreuzzugspilger bei Civitot die ohnehin kriegslüsternen Ritter erregt.

Sultan Kilidsch Arslan stand mit seiner Armee im Osten seines Reichs, als die Kreuzritter die Stadt einschlossen und die Belagerung begannen. Am 21.5.1098 n. Chr. kam er zurück, um die Stadt zu entsetzen. Die Schlacht mit den Kreuzrittern dauerte einen ganzen Tag. Erst im Kampf Mann gegen Mann, sozusagen im "Infight" mit Lanze und Schwert (wie R. Pörtner sagt) entwickelten die Ritter eine derart explosive Kraft, dass sie die Seldschuken auf ihr Lager und schließlich in die Berge zurückwarfen. Es war der erste und auch entscheidende Sieg der Kreuzritter und zeigte, dass keiner dem anderen Pardon gewährte. Der Zeitchronist Albert von Aachen beschreibt diese urtümliche simple Art des Schlachtenschlagens, wenn er sagt: Es gilt, den Gegner anzugreifen, niederzuwalzen, niederzutrampeln, niederzusäbeln und zu töten. Diese Kriegsführung war die übliche der damaligen Zeit und weder taktischen noch moralischen Überlegungen zugänglich. – Die Moslems standen übrigens den Christen darin nicht nach. Das hatten ihre grausamen Eroberungszüge in Spanien gelehrt.

Die in der Geschichtsschreibung wenig human genannten "Beutetürken" wurden enthauptet, die Köpfe auf Stangen gespießt oder mittels der Katapulte über die Mauern der Festung Nicäa geworfen. – Diese Art der psychologischen Kriegsführung ruft beim heutigen Be-

Mit abgeschlagenen Köpfen "beschießen" die Kreuzfahrer die Stadt

trachter der dies dokumentierenden Miniaturen in alten illustrierten Geschichtsbüchern Schaudern und Entsetzen hervor.

Die Stadt wurde mit Hilfe der Byzantiner eingenommen. Kriegsschiffe wurden über Land zum See von Nicäa transportiert, und als die Griechen angriffen, öffnete der türkische Kommandant diesen die Tore. Die Kreuzritter hatten das Nachsehen. Sie waren um Sieg und Plünderung geprellt. Kaiser Alexios besänftigte sie mit einem Teil der Beute und mit Schätzen aus den Truhen des Sultans.

Das Thema Glaubenskrieg beschäftigte uns übrigens beim Mittagessen, zu dem mich mein Führer Mehmet eingeladen hatte.

10. Über die westanatolische Hochebene

Nach dem Mittagessen muss ich unbedingt noch beim Vater von Mehmet einen Tee trinken. Man rät mir, auf einer etwas abseits gelegenen Route nach Bilecik zu fahren. Sie wäre landschaftlich sehr reizvoll.

Die nächsten vier Stunden zeigen mir, dass die Herren nicht zuviel versprochen haben. Allerdings war bei der Lagebesprechung von einem kräftezehrenden langen Aufstieg nicht die Rede. Die herrlichen Ausblicke, der erste über den großen Kessel von Iznik und dann die weiteren über die anatolische Hochebene, entschädigen mich.

Auf dem Weg nach Kütahya suche ich etwas abseits der Route in einem Dorf nach einer Teebar. Ich bin durstig und hungrig nach Kohlehydraten, mit anderen Worten: nach Kuchen. Eine Bar finde ich, ein Glas Cay steht auch bald auf dem Tisch, aber frisches Gebäck gibt es nicht. Dem jungen, freundlichen Wirt ist es peinlich, mir trockenen Sandkuchen vorsetzen zu müssen. Mir schmeckt es. Etwa zehn junge und ältere Männer sitzen um mich herum. Es ist bewundernswert, welche Fröhlichkeit und Freundlichkeit diese einfachen Leute hier in der entlegenen Provinz ausstrahlen. Die Verständigung wird besser, als ein herbeigerufener Dorfbewohner, der mehrere Jahrzehnte in Deutschland gearbeitet hat, den Dolmetscher spielt. – Dieser hat sich offensichtlich noch schnell ein frisches Hemd angezogen und eine Krawatte umgebunden. Welch eine Ehre für mich! – Ich komme auch hier nicht umhin, das Haus als Gast des Wirtes und der übrigen Gäste zu verlassen. Das war in Köprühisar.

Am späten Abend komme ich nach einer wunderschönen Fahrt durch das bergige Hochland zwischen Köprühisar und Pelitözu wieder auf die Fernstraße Nr. 650 in Richtung Bozüyük – Kütahya – Afyon.

In einem Restaurant am Straßenrand esse ich preiswert und gut zu Abend und darf mein Zelt im Hinterland des großen Grundstücks und weitab vom Straßenlärm aufschlagen. Daran hindern mich auch nicht drei große, aber sehr scheue streunende Hunde, die auch in der Nacht in meiner Nähe bleiben, einen respektablen Abstand immer wahrend.

7. August:
Gestern war Sonntag. Es hätte ein Ruhetag sein sollen, aber die Umgebung des Restaurants, in dessen Hinterhof ich gezeltet hatte, war für eine Siesta wenig geeignet. Also packte ich meinen Drahtesel und fuhr los. Nach rund 120 km landete ich abends in Kütahya in einem einfachen aber sauberen Männerwohnheim, das ein paar Zimmer für Touristen frei hielt. Am Ortseingang hatte ich einen jungen Mann nach einem preiswerten Hotel gefragt, und bereitwillig lotste er mich zur Herberge. Ich selbst hätte dieses Haus nie gefunden. Die Übernachtung kostete mich etwa 10 DM.

Südlich von Kütahya war ich schon bald auf der anatolischen Hochebene, von der es in den Annalen der Kreuzfahrer heißt, sie sei ungastlich, steinig und trocken; es seien glutheiße Steppen und Salzwüsten. Mit gemischten Gefühlen fahre ich nun gegen Süden, an der Ebene vorbei, in der die Armee des Herzogs Bohemund 1098 n. Chr. biwakierte, von den Seldschuken umzingelt und noch rechtzeitig von den Truppen des nachrückenden Raimund entsetzt wurde. Die Kreuzritter errangen einen glänzenden Sieg, heißt es in den Kreuzzugsprotokollen. Der Weg nach Jerusalem wäre frei gewesen, wenn es da nicht noch das reiche und strategisch wichtige Antiochia, das heutige Hatay am Südzipfel der Türkei, gegeben hätte.

Der geschlagene Sultan Kilidsch Arslan ließ natürlich das Land zu beiden Seiten der Vormarschstraße Richtung Konya und Edessa in ein Land der verbrannten Erde verwandeln, befahl Brunnen und Zisternen zu verschmutzen, Brücken zu zerstören und Dörfer anzustecken. Es wurde für die Kreuzritter "ein Marsch der Schrecken und Strapazen, der an Mut und Ausdauer übermenschliche Anforderungen stellte" (R. Pörtner).

Meine Fahrt durch Westanatolien ist dagegen bequem. Zwar sind die Felder, die Weidegründe der Schafherden auch verbrannt, aber dafür ist die sengende Sonne verantwortlich. Auch die Bäche und Flussläufe sind zu dieser Zeit ausgetrocknet, aber jede Tankstelle bietet kostenlos aus einem Kühlautomaten Trinkwasser an. Und wenn ich auftanke, werde ich in der Regel von den stets freundlichen Angestellten zu einem Cay, dem heißen, frischen, gesüßten Tee eingeladen.

Die trockene Backofenglut macht mir im Fahrtwind wenig zu schaffen. Die Rußschwaden der vorbeirauschenden Lastwagen sind da schon unangenehmer. Auch der sehr grobkörnige Asphalt auf der Landstraße rüttelt Rad und Fahrer hart durch.

Etwa 10 Kilometer vor Cay werde ich von Feldarbeitern zum Picknick am Straßenrand eingeladen. Man sitzt um eine große Schafwolldecke herum, auf der die Speisen stehen: Brotfladen, eine Schüssel Schafskäse, Tomaten, eine Melone, eine Flasche Raki und Wasser.

Dieses Angebot einer Mahlzeit ist natürlich von Picknick zu Picknick variabel. Ich kann nicht widerstehen, obwohl ich bis Sonnenuntergang nicht mehr viel Zeit habe. Bevor ich mich auf meinen Hosenboden setzen kann, wird noch schnell eine Spankiste platt getreten und mir als Sitzfläche angeboten. Der Willkommenstrunk – mehr Raki als Wasser – geht bis in die Zehenspitzen. Gut, dass ich sitze. Dann breite ich rasch meine restliche Tagesverpflegung, mit der ich mich in Afyon eingedeckt hatte, aus. Es sind einige schöne reife Feigen und Pfirsiche und eine noch volle Schachtel türkischer Süßigkeiten. In unmissverständlicher Zeichensprache – keiner spricht Englisch oder Deutsch – fordere ich auf zuzugreifen. Höflich lehnt man ab, ich soll zuerst einmal zulangen. Geschickt schnitzt mir einer der Herren aus einem fingerdicken Zweig ein löffelartiges Esswerkzeug, mit dem ich mir mühelos den etwas sämigen, wohlschmeckenden Käse angeln kann. Als ich sehe, dass einige ihr Abendmahl beenden, biete ich wieder mein Obst an. Ich habe nun Erfolg. Nach kurzem Zögern kann der Jüngste auch den Süßigkeiten nicht widerstehen. Es wird trotz der Verständigungsschwierigkeiten viel "palavert" und noch mehr gelacht. Zum Schluss weiß die Runde, woher ich komme, wie ich heiße, wieviel Kinder und Enkelkinder ich habe und wohin ich noch fahren will. Ich geniere mich auch nicht, auf ausdrückliches Befragen den Grund meiner Reise, den "Hadsch", die Pilgerreise zu nennen.

Ich fahre etwas erschreckt hoch, als ich auf die Uhr schaue. In einer Stunde ist es dunkel. Wenn ich Cay nicht mehr erreiche, muss ich bald mein Zelt aufschlagen. Aber man beruhigt mich, Cay sei nicht mehr weit, die Straße flach und gut befahrbar. Also verabschiede ich mich in aller Ruhe, so wie es sich im Orient geziemt und radle weiter.

Könnte eine solche Stunde unter freundlichen Menschen nicht Richtschnur für das Miteinander in der ganzen Welt sein?

11. Mein ärgster Feind und Des Teufels Ritt

8. August:
Der Dienstag fängt schon ungut an. Mein Fahrrad im Keller des Hotels in Cay, wo ich gestern spätabends angekommen bin und ein schönes Zimmer angeboten bekommen habe, steht nicht mehr dort, wo ich es am Vorabend deponiert hatte. – O Schreck lass nach! – Der Hausmeister, der mir gefolgt ist, lächelt. Er hat mein Rad etwas sicherer in einem Holzverschlag im Keller untergebracht.

Und dann kommt, sobald ich die Stadt verlassen habe, mein größter Widersacher der Pilgerfahrt auf den Plan: Ich meine nicht die Hitze, nicht den Anstieg, nicht das grobe Pflaster. Ich meine den Gegenwind, den Gott der Herr in seinem Zorn erschaffen haben muss. Er greift zunächst noch nicht frontal an. In seiner Kraft sich langsam steigernd, foltert er mich mal von vorne rechts, mal von vorne links und versucht, mich von der Bahn abzudrängen. Selbst bei Gefälle muss ich in die Pedale treten, als der Gegenwind dann doch noch von vorne, sozusagen mit offenem Visier und mit höllenheißem Odem attackiert.

In solchen Situationen ist man froh, wenn die Karte oder die mitgenommenen Aufzeichnungen eine Sehenswürdigkeit in zumutbarer Entfernung von der Landstraße anbieten, wie z. B. an dem eben geschilderten Morgen eine Karawanserei, die Sahib Ata in Sultandagi, ein befestigter Gasthof für Karawanen des Mittelalters und der frühen Neuzeit.

Die Karawanserei Sahib Ata in Sultandagi

Zu einer solchen Besichtigung gehört dann auch die Einkehr in eine Imbissbar. Mein zweites Frühstück, oft ist es das erste, so gegen 11 Uhr, besteht dann aus einer Schüssel fetter Suppe mit Brot, wie es in der Türkei üblich ist. Und danach folgt – nicht zu vergessen – das Plauderstündchen mit den Einheimischen. In der Regel ist unter ihnen immer einer, der Deutsch oder Englisch spricht.

Das so genannte "dicke Ende" des ominösen 8. 8. kommt spätabends in Kadinhani, im mittelalterlichen Laodicäa. Nach einem Tagespensum von 130 Kilometer verlasse ich die Autofernstraße und fahre hinauf zum abseits gelegenen Städtchen, das früher wegen seiner großen Karawanserei und seiner zentralen Lage von strategischer und wirtschaftlicher Bedeutung war. Mitten im Zentrum liegt kastellartig mit gut erhaltenen hohen Außenmauern die Karawanserei. Die Türen sind erwartungsgemäß verschlossen, aber da müsste, so denke ich mir, es doch ein Nachfolge-Hotel geben. Als ich absteige und in die Runde schaue, steht wie gerufen ein Herr neben mir und fragt in Englisch, ob er mir helfen könne. Das Hotel ist in Sichtweite, aber in diesem alten heruntergekommenen Haus mit schmutzigen, teils eingeworfenen Fenstern hätte ich kein Hotel erkannt. Die alte, eiserne Eingangspforte ist verschlossen. Der "Manager" werde gerufen, sagte mein freundlicher Begleiter, derweil sollte ein Cay getrunken werden. Als wir schließlich ins Hotel eingelassen werden, ist mein erster Eindruck: Welch eine Bruchbude! Aber das mir zugewiesene Zimmer ist sauber, die Bettwäsche zwar verblichen, aber frisch. Die sanitäre Anlage auf meiner Etage funktioniert nicht. In der Etagentoilette im ersten Stockwerk habe ich mehr Glück. Das Hotel scheint seit langem nicht benutzt worden zu sein.

In meine "Ausgehuniform" geworfen – dunkelblaue lange Hose mit Dauerfalte, frisches helles Hemd und leichte Schuhe –, gehe ich hinunter und werde schon von einem Herrn erwartet, der sich zuvor zu uns gesetzt hatte. Er will mir ein gutes Restaurant zeigen. – Ich muss noch nachtragen, dass der Herr, der mich zum Hotel begleitet hatte, mit dem Hotelmanager einen Übernachtungspreis von 2.000.000 L (etwa 6,30 DM) ausgehandelt hatte.

Beim Abendessen mache ich einen schwerwiegenden Fehler. Das alkoholfreie Essen verleitet mich zu der Bermerkung: "Und jetzt ein kühles Bier!" Darauf scheint mein Begleiter, den ich zum Mitessen vergeblich eingeladen hatte, nur gewartet zu haben. Er kenne ein Tankstellenrestaurant, wo der Ausschank von Alkohol erlaubt sei. Also, auf zum Schlaftrunk! Sobald wir mit dem Wagen die Stadt hinter uns gelassen haben, beginnt eine halsbrecherisch rasant gefährliche Fahrt. Mit aufgeblendetem Licht, das Gaspedal durchgedrückt, das Radio ohrenbetäubend aufgedreht, kilometerweit nur die linke Gegenfahrbahn benutzend, rast der Türke wie von einer Tarantel gestochen in Richtung Aksehir. Trotz entgegenkommender aufblinkender Autos bleibt er auf der Überholspur bzw. auf der Gegenfahrbahn, um möglichst viele Verkehrsteilnehmer zu überholen. Mehrmals muss er sich in letzter Sekunde zwischen Fahrzeuge drängen. Mein Protest stachelt den verrückten Fahrer erst richtig an. Die plärrende Radiomusik tut das Übrige. Zu Janitscharenmusik schlägt er mit beiden Händen den Takt und lässt dafür sekundenlang das Lenkrad los.

Meine Angst wächst von Minute zu Minute. Ich stelle zudem fest, dass in dem alten Fahrzeug die Kopfstützen fehlen, kein sicherlich auch in der Türkei vorgeschriebener Dreipunktgurt vorhanden und die Kurbel zum Fensteröffnen abgebrochen ist. Die Heizung bläst auf höchster Stufe und kann nicht abgeschaltet werden. Und immer wieder klatscht der Rambo zum Takt der Janitscharenmusik in die Hände.

Die Fahrt endet vorerst, wie sich später herausstellt, nach etwa 20 Kilometer vor einer feudalen Gaststätte neben einer Tankstelle. Die Leuchtreklame ist eindeutig. Hier gibt es mehr als nur Bier! In den Nebengemächern, so deutete mir mein Fahrer mit gekonnter Körperbewegung an, werde getanzt. – Da tritt also, so geht es mir durch den Kopf, der Versucher an mich mit Verlockungen heran, ohne dass ich die Wüste erreicht und gefastet habe! – Umso leichter ist es aber auch zu widerstehen. Nach zwei wohlschmeckenden Bieren zahle ich unsere Getränke und stehe auf. Aber so leicht gibt sich der Teufel nicht geschlagen: Trotz Protest geht es in Richtung Aksehir weiter. Nun kommt zur inneren Erregung des Fahrers auch noch eine Portion Wut, und die Überholmanöver werden immer riskanter. Ob mit oder ohne Schutzengel, jedenfalls landen wir nach einer Viertelstunde, in der ich vor Angst tatsächlich geschwitzt habe, "wohlbehalten" vor einem Animierlokal. Nach einer Runde Bier greife ich zu einer (Not)Lüge: Ich öffnete meine Geldbörse, in der nie viel zu finden ist, weil Geld, Wertsachen und Pass in einem Leibgurt getragen werden, und da gibt er sich geschlagen. Dass auf der Heimfahrt nicht mehr gesprochen wird, liegt nicht an mir! Auf meiner Pilgerfahrt habe ich an manchen Abenden wegen allzu großer Müdigkeit nicht mehr ins Neue Testament geschaut. Heute beschließe ich den verflixten Tag aber nicht ohne Bibellesung. Ich habe nach dieser Höllenfahrt Grund genug.

Als ich gegen 1 Uhr noch wach im Bett liege, überdenke ich die letzten vier Stunden. Die Pilgerfahrten nach Santiago de Compostela und Rom waren reich an Spuren Gottes auf meinen Wegen dorthin. Dass es auch Spuren des Teufels auf einer Pilgerfahrt geben kann, habe ich heute erfahren. – Aber wird nicht jeder, der sich in die Einsamkeit zurückzieht, vom Bösen heimgesucht?

12. Auf der Spur des 3. Kreuzzugs

9. August:
Es ist ein herrlicher, friedvoller Morgen. Ich sitze gegenüber dem Hotel vor einer Imbissbar und warte darauf, dass der Geschäftsführer kommt und mir den Raum aufschließt, in dem mein Fahrrad steht. Der gestrige Abend kommt mir wie ein Spuk vor.

Nach einer halben Stunde kommt ein Junge auf einem alten Mofa angeknattert, geht ins Hotel und schließt mir auf. Ich packe mein Fahrrad, kaufe Käse, Brot und Schokolade ein und fahre in froher Laune los. Die Welt ist wie verändert. Ich habe kräftigen Rückenwind, der Straßenbelag wird besser, das Rad läuft fast von selbst. Das Land, durch das ich in Richtung Konya fahre, wird immer unfruchtbarer, wüstenartig. Ganz langsam geht die Vegetation zurück. Zuerst verschwinden die bearbeiteten Felder, die Tomaten- und Paprikaäcker, dann die gelben Gräser, die im Wind Richtung Konya weisen. Dann schrumpfen die Sträucher und die Büsche werden dornig und hart und gehen auf Distanz zueinander. Irgendwann kommt dann der Ort, an dem gar nichts mehr wächst, wo nur noch die Orts- und Kilometerschilder Spalier stehen. Aber es ist noch nicht die Gegend, wo Veränderungen als schneller Puls der Zeit, sich schwer tun. Dafür ist die Oasenstadt Konya zu nahe. Mitten in der steinigen Wüste, 10 bis 15 Kilometer von der Stadt entfernt, entsteht eine Satellitenstadt. Große Schilder weisen darauf hin, dass Institute der Universität nach draußen ausgelagert werden. Riesige Wohnsilos werden wohl für Studenten und Universitätspersonal in einer menschenfeindlichen Umgebung gebaut. Ich kann mir nicht vorstellen, dass hier am Beginn der anatolischen Salzwüste Brunnen gebaut werden können.

Ich komme hungrig und müde, die Nacht war zu kurz, in der grünen Stadt Konya an. Im pulsierenden Getriebe einer modernen Stadt, in der die Derwische mit ihren Tänzen an das Mittelalter erinnern, vergisst man nach einem guten Essen dann schnell die Mühsal vorausgegangener Stunden. Durch die Altstadt fahrend in Richtung südliche Ausfallstraße, komme ich dann ungewollt zum Suq, zum Basar mit mittelalterlichem Ambiente. Hier haben die Kreuzritter vor 900 Jahren keine Bude, keinen Topf, keine Gewürzschüssel heil gelassen, als man ihnen verdorbene Ware zu überhöhten Preisen verkaufen wollte.

In Konya habe ich die Route des 1. Kreuzzugs, der das Taurusgebirge meiden und über Edessa und den Antitaurus durch die Kilikische Pforte zum Meer wollte, verlassen und fahre in Richtung Karaman und Silifke weiter.

Hier folge ich der Route des 3. Kreuzzugs, den Barbarossa, Kaiser Friedrich I., anführte. Ich weiß nicht so recht, auf was ich mich streckenmäßig einlasse, aber es ist eine Konzession an alle, die in der Fahrt durch Mittel- und Ostanatolien wegen der Kurden in dieser Gegend für mein Heil fürchten.

Die einzige Passtraße durch das Taurusgebirge Richtung Silifke zum Mittelmeer führt auf einen Scheitelpunkt von 1700 m.

Ich schiebe wieder einmal mein Fahrrad bergan, als ich von drei älteren Männern, in die typisch anatolischen

Pluderhosen gekleidet, auf Holzkisten hockend, angesprochen werde. Es sind Imker. Ihre zahlreichen Bienenstöcke sind im Hintergrund am Berghang postiert. Ich soll eine Kostprobe ihres Honigs nehmen. Man fischt sich dabei aus dem Eimer ein Stück Wabe voller triefenden Honigs und steckt Wabe mit Honig in den Mund. In Minutenschnelle durchströmen die Kohlehydrate den ausgezehrten Körper. Statt des sonst in dieser Nachmittagszeit üblichen süßen Cay mit Gebäck genieße ich nun wohlschmeckende Kohlehydrate pur. Natürlich wollen auch diese Herren wissen, woher ich komme, wohin ich will, wie alt ich sei, ob ich Kinder und Enkelkinder habe usw. Nun habe ich Kraft für den weiteren Aufstieg. Und ich habe mit dem Schwätzchen die Einsamkeit unterbrochen. Das tut der Seele gut!

Auf dem Scheitelpunkt des Passes habe ich bei herrlichem Sonnenschein eine einmalige Rundumsicht. Die Berge sind in ihrer Struktur anders als die zerklüfteten Felsen der Alpen. Sie sind abgerundeter, sanfter gewölbt und dennoch wegen ihrer wüstenartigen Oberfläche wenig einladend. Ich kann mir nicht vorstellen, dass Bergwanderer sich hierher verirren. Und dennoch nennt man die kleinen Gehöfte bergabwärts "Alme". So jedenfalls bezeichnet Ahmet, den ich nach der langen Abfahrt ins Tal auf der Terrasse eines Restaurants in Sertavu kennen lerne, das Anwesen seiner Eltern wenig oberhalb der Ortschaft.

Auf der gutbesuchten Terrasse habe ich es mir gerade bequem gemacht, als ein Herr mittleren Alters von einem benachbarten Tisch herüberkommt und mich in akzentfreiem Deutsch bittet, doch an seinem Tisch Platz zu nehmen. Ahmet hat mit seinen Eltern viele Jahre in Deutschland gelebt und nun seinen Sohn mit Freundin und drei Studienkollegen in seine türkische Heimat eingeladen. Jetzt sind sieben Rheinländer fern der deutschen Heimat unter sich. Das Tischgespräch bei kühlem Bier wird bald hitzig. Das Begleitthema meiner Pilgerfahrt ist für Ahmet, der sich gut an eine sehr kritische Fernsehsendung über die Kreuzzüge erinnern kann, ein Reizwort. Und meine Karten für ein geschichtliches und ideologisches Verständnis für die Übergriffe und Gräueltaten der Kreuzritter gemäß der geschichtlichen Wahrheit, dass jeder Krieg zur Brutalisierung der Menschen führt, und dass er in keinem Fall berechenbar ist, stehen nicht gut. Dennoch werde ich zum Grillabend und zur Übernachtung auf die Alm seiner Eltern eingeladen.

An diesen Abend werde ich mich noch lange und gerne erinnern. Unter freiem Himmel zwischen frisch aufgemauerten Wänden eines Erweiterungsbaues habe ich gut im Schlafsack auf Isomatte und Matratze geruht.

11. August:
Auf halber Strecke zwischen Karaman und Mut, nur wenige Kilometer hinter Sertavu, liegt hoch in den Felsen des Taurus die Ruine des frühchristlichen Klosters Alahan. Mein Fahrrad mit Gepäck lasse ich auf dem Vorhof eines Lokals stehen. Der lange, steile Aufstieg lohnt sich. Unterhalb der Ruinen wohnt einsam mit seiner Familie der Klosterführer, der mich mit Plan und englischen Erläuterungen durch die riesige, teils in den Fels gehauene Anlage führt. In der schadstoffarmen Gebirgsluft sind die Reliefs auf den meist am Boden liegenden Steinquadern der Kapitelle und Friese gut erhalten. Die christlichen Symbole von Fischen und

Weintrauben sind klar erkennbar. Die erste große Basilika steht mit den aufragenden Seitenwänden wie eine Festung unmittelbar an den Berg gelehnt. Es fehlt lediglich das Dach. Die dahinterliegende Ostkirche ist weitgehend zerfallen. Auch von den Klostergebäuden ist nichts mehr erhalten. Ich erinnere mich an den Tempel von Segesta im Norden von Sizilien, der mit der dachlosen großen Basilika in etwa vergleichbar ist und von der R. Hochhut gesagt hat: "Dem Anblick des gottleeren Tempels muss man gewachsen sein. Gerade weil dieser Tempel zu den besterhaltenen zählt, ist das absolute Verschwinden der Stadt (hier des Klosters) ringsherum, auch seine sonnendurchflutete Leere seines großen Innern, das Schockerlebnis der Nichtigkeit alles Irdischen, auch der werten eigenen Person, der Undauer allen Menschenwerks."

Südlich von Mut geht es wieder bergauf und bergab. Oft führt die zum Teil in den Fels gehauene Straße an steilen Abhängen entlang. Unten tief im Tal fließt der Göksu, in die Geschichte des Mittelalters eingegangen als der Fluss Saleph, in dem oberhalb von Silifke Kaiser Barbarossa am 1. Juni 1190 n. Chr. beim Baden oder Durchqueren ertrank. Es ist ein sehr schnell, fast reißend fließendes Gewässer, etwa 80 m breit im unteren Verlauf. Im Tal stoßen dann plötzlich Passtraße und Fluss bis auf eine schmale Uferböschung zusammen. Allzu gern hätte ich ein kühles Bad genommen; aber das Schicksal des Kaisers war mir Warnung genug.

Es ist schon stockfinster, als ich den letzten Höhenzug des Taurusgebirges hinaufschiebe. Und so habe ich bei der Abfahrt leider das Denkmal, das von der deutschen Botschaft errichtet, an den Kreuzzug und den Tod Barbarossas erinnert, im Dunkeln nicht gesehen. Eindrucksvoll, erst recht bei Nacht, ist das mächtige Kastell von Silifke, das Kiz Kalesi. Es ist rundherum angestrahlt und zwingt mich geradezu anzuhalten, als ich von der letzten Passhöhe herab mich der Stadt nähere. Es ist eine ursprünglich armenische Befestigung und diente schon vor den Kreuzzügen dem Schutz der Pilger, bis es von den Arabern überrannt wurde.

13. August:
Wer den Himmel auf Erden vermisst, der sollte einmal eine große Pilgerfahrt machen. Dass dieser Ausspruch eines Wallfahrers des Mittelalters nicht romantisch oder nostalgisch übertrieben ist und noch heute gilt, empfinde ich an diesem Sonntag, als ich auf der Terrasse von Ahmets Strandrestaurant in Akkum sitze und rundum zufrieden bin. Ahmet hatte mir beim Abschied in Sertavu gesagt, ich sei auch bei ihm in Akkum willkommen. Er habe dort ein kleines Strandlokal, und ich könne im Vorgarten mein Zelt zum Übernachten aufschlagen. Er wäre in zwei Tagen auch wieder dort.

Bevor ich aber zu den Erlebnissen des heutigen Tages komme, muss ich noch vom gestrigen Samstag nachtragen, dass ich von Silifke aus auf Anraten Ahmets in westlicher Richtung zunächst nach Aya-Tekla gefahren bin. Es ist ein kleiner Ort unweit der Küste, der auf meiner Karte nicht einmal vermerkt ist und doch wohl eine der ältesten christlichen Klosteranlagen Kleinasiens hat. Diese frühe Stätte der Christenheit dürfte in ihrer Gründung ein Werk der heiligen Thekla sein. Der Ort ist heute noch nach ihr benannt. Hier soll sie auch als Märtyrerin gestorben sein. Die Heilige war bekanntlich eine Schülerin des heiligen Paulus und zeitweise auch seine

Begleiterin. In der Ostkirche verehrt man sie als dreizehnte(n) Apostel(in). Die unterirdische Kirche, die einer Krypta gleicht, soll, so versicherte mir der Führer, aus der Zeit der Verfolgung stammen. Die Basilika, die aus späteren Jahrhunderten stammt, ist das Opfer eines starken Erdbebens geworden. Von der Kirche steht nur noch ein hochaufragender Teil der Apsis.

Christliche Klosteranlage im Ort Aya-Tekla

13. An den Pforten von Hölle und Himmel

Von Aya-Tekla aus ging es zurück nach Silifke, und am Nachmittag erreichte ich dann Akkum.

Die Südtürkei ist reich an Natur- und Kulturdenkmälern. Zu den letzteren gehören Cemet ve Cehennen vor Akkum, die "Pforten zur Hölle und zum Himmel", von denen die griechische Mythologie berichtet. Vor 50 Jahren durchfloss die unterste Sohle des riesigen Höhlengewölbes noch ein unterirdischer Fluss, den die alten Griechen Styx nannten. So berichtete mir ein junger Türke, dessen Mutter sich noch entsprechend erinnern konnte. Es ist ein geradezu unheimliches Gefühl, über nasse Stufen und abschüssige Gesteinsquader immer tiefer ins Erdinnere zu steigen. Mir wurde der Abstecher in die Hölle der Antike bald zu glitschig und zu finster, und ich bin mühsam wieder in die sonnendurchflutete Oberwelt hinaufgestiegen.

Am Ortsausgang von Akkum liegt die riesige Festung Korykos. Hier machten die führerlos und auch ratlos gewordenen Kreuzritter nach dem Tod Barbarossas Halt. Viele hatten den Mut verloren und entschieden sich für die Rückkehr in ihre Heimat. Der Rest des Heeres zog weiter. Den Leichnam Barbarossas – in Essig notdürftig konserviert – nahmen sie zunächst bis Tarsos mit. Hier bestatteten sie die schnell verwesenden Körperteile und setzten schließlich in Antiochia in der Petersbasilika den Restleichnam bei. Damit endete dann auch der 3. Kreuzzug. Das Ziel Jerusalem wurde nicht erreicht.

16. August:
Meine heutige Tagesleistung ist, gemessen an der Summe der gefahrenen Kilometer, erbärmlich. Nur 62 km habe ich geschafft. Aber die hatten es in sich! Es ist die Strecke von Iskenderun am Mittelmeer bis Hatay (Antakya), dem Antiochia der Antike und des Mittelalters.

Von Montag, dem 14. August, an dem ich frühmorgens Akkum verlassen habe und am Meer entlang in Richtung Tarsos gefahren bin, bis heute habe ich einen harten Kampf gegen den ärgsten Feind meiner Pilgerfahrt, den Gegenwind geführt.

Nach dem Start in Akkum war ich noch in bester Stimmung. Ich hatte mich am Strand gut erholt. Die Küche von Ahmets Restaurant ließ nichts zu wünschen übrig. Die Hitze war durch die Meernähe erträglich. Auf einer wunderschönen Küstenstraße, begleitet von Spuren römisch-byzantinischer Kultur, kam ich gut voran. Gegen 11 Uhr bauten dann die unsichtbaren Drachen des Gegenwinds eine Phalanx auf und attackierten mich mit ihrem heißen Gebläse. Streckenweise zeigte mein Tacho nur 7 bis 8 km/h an. Dass in einer solchen Situation die Intervalle von Verschnaufpausen immer kürzer werden, ist verständlich.

Verständlich ist auch, dass sich in solchen Situationen wieder der innere Schweinehund meldet und dem schwitzenden Strampler zuruft: "Kein größeres Leid, als was der Mensch sich selbst andeit!" Eine solche kurze psychische Einblende tangierte bei mir aber nie die Grundstimmung, auch nicht in den nachfolgenden zwei Wochen, als eine hier in Antakya eingefangene Diarrhö mich schwer beutelte. Die Grundstimmung auf einer großen Pilgerfahrt lautet: Es macht unheimlich Spaß! Immer wieder kommt eine bisher im Leben unbekannte Freude auf! Ich wiederhole: Wer den Himmel auf Erden vermisst, der sollte eine große Pilgerfahrt machen. Da wird das Bedürfnis nach Euphorie, das jeder hat, erfüllt. Es hat nichts mit narzisstischem Individualismus zu tun, wenn die Pilger immer wieder behaupten, dass eine Wallfahrt eine große innere Ruhe und Zufriedenheit gibt, ein Gefühl des Wohlbehagens. Bei einer Fahrt nach Santiago de Compostela oder Rom oder Jerusalem kommt eine schwer zu beschreibende Freude auf, ein Glücksgefühl, das ich etwas profan "Champagnerlaune" nenne, in der man die Welt umarmen möchte.

Und diese Laune hält noch an, wenn die Pilgerfahrt längst beendet ist. – Ich weiß, diese Erfahrung und die Wahrheit dieser Aussage sind in der heutigen säkularisierten Welt schwer zu vermitteln. Aber erfahrene Pilger wissen, wovon ich rede.

14. Von Tarsos nach Aleppo

Am Nachmittag des 14. August erreichte ich Tarsos. Der Besuch des Geburtshauses des heiligen Paulus gehört zum Muss eines Jerusalempilgers. Vom "Haus des Apostels" ist allerdings nicht viel übrig geblieben. Es sind nur noch die Kellerwände erhalten. Rundherum ist eine Parkanlage. Aus dem zum Haus gehörenden Brunnen kann noch heute Trinkwasser geschöpft werden. – In Tarsos werden von Händlern leckere Süßigkeiten auf Handkarren angeboten. Da konnte ich nicht widerstehen. Auf der Weiterfahrt nach Adana hatte ich Gelegenheit, den Kuchen mit Angestellten einer Tankstelle gegen zwei frische, süße Gläser Cay zu tauschen.

In Adana, einer schönen, sauberen Stadt, fand ich ein preiswertes Hotel. Wieder einmal wurde mir von einem Radfahrer geholfen, der mich bereitwillig zum Hotel begleitete.

Beim Verlassen der Stadt Adana faszinierte mich das große, prächtige Haus Allahs, die Moschee. Ein beredtes Zeugnis der gläubigen Türken. Heute bedauere ich, dass ich nicht versucht habe, im Innern mit Andacht ein wenig zu verweilen.

Von Adana aus führte mein Weg nach Iskenderun in einem weiten Bogen um den Golf. Wo die Fernstraße sich wieder der Küste nähert, liegt der historische Ort Issos. Erinnerungen an die Schulzeit wurden wach, als ich das frühere Schlachtfeld betrat. Jeder Pennäler hat gelernt: "3,3,3 bei Issos Keilerei." D. h., im Jahr 333 v. Chr. schlug Alexander der Große hier auf den Feldern von

Issos Dareios III. Damit wurde der Eroberungszug der Perser beendet und die abendländische Kultur gerettet. Ein Aquädukt aus der Zeit der Römer zieht quer durch die Felder. "Auf diesem unscheinbaren Stück Marschboden", schreibt Peter Bamm in "Frühe Stätten der Christenheit", "wurde die Jahrhunderte währende Herrschaft der griechischen Kultur in Westasien errichtet. Auf diesem von den Griechen umgepflügten Acker Asiens hat sich die Geschichte des frühen Christentums abgespielt. Über das leere Land, auf dem nur Ziegen weiden, blickt von der Höhe eines Berges die Ruine einer Kreuzritterburg" (a. a. O., S. 164/165).

Kurz noch ein paar Sätze zu den Akteuren dieser Schlacht: Auf der einen Seite stand der 20-jährige König Alexander von Makedonien mit einer Armee von 30.000 gut ausgebildeten und gut bewaffneten Soldaten. Auf der anderen Seite stand König Darius III. von Persien mit 200.000 Mann. Auf dem engen Schlachtfeld von Issos kam der persische Gegner nicht dazu, seine Streitmacht strategisch und operativ zu entwickeln. Sie wurde von den Griechen vernichtend geschlagen. Die Flucht des Perserkönigs soll die längste Flucht gewesen sein, die je ein Feldherr angetreten ist. Der Harem des Darius wurde in Damaskus gefangen genommen. Alexander habe die Damen mit ritterlicher Höflichkeit behandelt, berichten die Chronisten.

Ich komme in die Gegenwart zurück. Gegen 15 Uhr erreichte ich Antakya (Hatay), das berühmte alte Antiochia. Ich fand nach einer kurzen telefonischen Meldung nach Hause ein einfaches preiswertes Hotel (zwei Übernachtungen zu umgerechnet 24 DM). Während ich diese Tagebuchnotizen mache, schweife ich ab. Ich ha-

Die St.-Peters-Grotte in Antiochia

be auf einmal Durst auf ein Bier, aber die Erfahrungen der letzten Tage haben mich gelehrt: Je näher bei den Arabern, desto strenger die Sitten! Und jetzt bekomme ich auch noch zu allem Überfluss Krämpfe im rechten Bein und im linken Fuß. Nach 45 Tagen Fahrt mit rund 100 km pro Tag wehrt sich also die Physis des Achtundsechzigjährigen. Doch ich sollte noch einen kurzen kirchengeschichtlichen Hinweis geben: Zur Zeit der Apostel – Petrus, Paulus und Barnabas missionierten hier – war Antiochia die Hauptstadt der römischen Provinz Syria und die viertgrößte Stadt des römischen Reiches. Ihre ersten Bewohner waren die Veteranen Alexanders des Großen. Im 1. Jahrhundert nach Christus war Antiochia eine prachtvolle Stadt mit Tempeln, Bädern und Kollonaden. Die gepflasterten Straßen sollen nachts mit Lampen hell erleuchtet gewesen sein. Von keiner anderen antiken Stadt ist das bekannt, behauptet P. Bamm. Hier in Antiochia hat es auch die erste von der Synagoge unabhängige christliche Gemeinde gegeben. Hier wurden die Jünger Christi zum ersten Mal Christen genannt.

17. August:
Die Entscheidung, heute, an einem Donnerstag, einen fahrradfreien Tag einzulegen, war richtig. Die kulturellen und historischen Sehenswürdigkeiten können nicht im Vorbeifahren "mitgenommen" werden. Auch hatte mir ja der Schirokko, der heiße Wind des Vorderen Orients, so mächtig eingeheizt, dass ich heute Morgen lahmen Schrittes zum Museum geschlendert bin. Dort erwachten wieder Geist und Sinne. Das Museum ist, ich zitiere P. Bamm, "erstaunlicher, als ich je eines gesehen habe" (a. a. O., S. 171). Es beherbergt an die 50 Mosaiken in zum Teil vortrefflichem Zustand aus dem

1. Jahrhundert n. Chr. Sie sind in den römischen Villen in Daphin oberhalb Antakyas ausgegraben worden. Ein riesiger, mit zahlreichen Skulpturen und Ornamenten geschmückter Marmorsarkophag ist das Schmuckstück des Museums. Damit können selbst die kunstvollen Alabastersarkophage im Museum von Volterra in Italien nicht konkurrieren. Die Schätze des Museums lassen etwas ahnen vom Luxus und von der Pracht der antiken Stadt.

Die Felsenkirche St.-Peters-Grotte besuchte ich am frühen Nachmittag. Sie liegt etwas außerhalb des Stadtzentrums am Fuß des Bergrückens, der parallel zum Orontes verläuft. Die Fassade mit dem Eingang zur Kirche dürfte ein Werk der Kreuzritter sein. Unverkennbar ist der normannische Baustil. In dieser Felsenkirche hat sich die junge Christengemeinde mit Petrus zum Abendmahl versammelt. Hier hat auch das Missionswerk des Apostels Paulus begonnen (Apg 11,25).

Zwischen dem 3. und 6. Jahrhundert haben in Antiochia 30 große Kirchenversammlungen stattgefunden. Im 7. Jahrhundert wurde die Stadt von den Moslems erobert. 1098 n. Chr., während des 1. Kreuzzugs, gründete Herzog Bohemond hier das erste lateinische Herzogtum in Syrien. Dieses Herzogtum sollte 150 Jahre dauern.

Und wo waren die Spuren des antiken und mittelalterlichen Antiochias? Die Suche danach hatte ich am zweiten Tag schon aufgegeben, als ich beim Besuch des alten, überdachten Suq plötzlich in einer Seitengasse vor einer riesigen eisenbeschlagenen Holztür mit den typischen Merkmalen eines Stadttors stand. Ich fasste Mut, öffnete mit einigem Kraftaufwand einen Torflügel und stand in einer anderen Welt: Es war ein Innenhof von

Aufgang zur Stadtmauer von Antakya (Antiochia)

etwa 10 mal 10 m, halb überdacht von einem riesigen Weinbaum, dessen Stamm einen Durchmesser von 15 bis 20 cm hatte. Auf einigen einfachen Holzbänken, im Schatten des aufragenden klobigen Mauerwerks, saßen ältere Herren und rauchten. – Stille. – Ich blieb, etwas unschlüssig über mein weiteres Vorgehen, ein paar Sekunden an der Tür stehen. Ich wollte nicht die idyllische Ruhe stören. Andererseits reizte der breite gegenüberliegende Treppenaufgang. Ich nickte grüßend in die Runde und es schien, dass ich willkommen war. Mit einem einfachen, nicht zu plumpen Kompliment brach ich den Bann: "Ein wunderschöner Rebstock, wohl 300 Jahre alt?", meinte ich in Englisch. Einer der Herren berichtigte mich sofort: "Nein, wohl 400 Jahre." Jetzt fasste ich Mut und ging die stark ausgetretenen Steinstufen hinauf. Ich befand mich auf einem Rest der mittelalterlichen Stadtmauer. Der äußere Wehrgang ist fast 15 m breit. Eine Werkstatt steht – garagenähnlich – neben der anderen.

Von dieser Mauer aus wurde also 1098 n. Chr. die Stadt verteidigt, als die Kreuzzugsarmee anrückte, um den Knotenpunkt zwischen Syrien und Kleinasien, den Kontrollpunkt der Wirtschaftswege einzunehmen. Man hätte natürlich die Stadt auch an der Küste entlang umgehen können, was wieder beweist, dass der 1. Kreuzzug auch ein Eroberungsfeldzug war. Die Mauer, auf der ich stand, war damals 12 Kilometer lang, bewehrt mit 400 bis zu 25 m hohen Türmen. Mit Belagerungs- und Sturmmaschinen der damaligen Zeit war eine solche Stadt nicht einzunehmen, zumal genügend Wasser und Weideflächen für die Ernährung vorhanden waren. Der türkische Statthalter soll beim Anrücken der Kreuzritter die ihm unzuverlässig erscheinenden Christen verjagt und den Patriarchen gefangen genommen haben. Er ärgerte die Belagerer, indem er das christliche Oberhaupt von Zeit zu Zeit in einem Käfig über den Mauern baumeln ließ. Derweil biwakierten die Kreuzritter vor der Stadt und genossen, wie der Chronist Albert von Aachen berichtet, die Freuden eines bukolischen Lagerlebens.

Spannend zu lesen ist der Ausgang dieser Kreuzzugsetappe: Byzantinische und genuesische Flotten brachten Nachschub, aber gegen Weihnachten waren die Vorräte verbraucht. Nässe und Kälte taten das Übrige. Jeder Siebte soll gestorben sein. Die Stimmung sank unter den Nullpunkt und viele Kreuzritter wurden fahnenflüchtig. Selbst Peter der Einsiedler musste zurückgeholt werden. Unter Schimpf und Schande musste er eine Nacht lang im Zelt des Bohemond stramm stehen. Eine englische Flotte brachte schließlich vorübergehende Hilfe. Der Ring um die Stadt konnte enger geschlossen werden. – Im Frühjahr wurde in den Reihen der Verteidiger ein Verräter gesucht – und gefunden: Ein Turmhauptmann war bestechlich. Gegen Geld ließ er es geschehen, dass eine Turmbesatzung keine Gegenwehr bot, als die Leitern angelegt wurden. Bohemond kletterte als Erster hoch. Es heißt dann lapidar: Alle Türken wurden niedergesäbelt.

Ein Entsatzheer der Türken kam von Mossul her einen Tag zu spät. Nun wurden aus den Belagerern Belagerte. Das dezimierte Kreuzritterheer musste jetzt eine zwölf Kilometer lange Mauer verteidigen. Dazu kam trotz der weitläufigen Weiden- und Ackerflächen in der Stadt akuter Lebensmittelmangel. Bei den Zeitzeugen liest sich das so: "Um weiter zu leben wurden Pferde und Esel geschlachtet. Katzen und Hunde wanderten in den Kochtopf. Schwertgehänge wurden weich gekocht und zu essbaren Ragouts verarbeitet." Die Chronisten berichten auch von Kannibalismus. Bohemond behielt aber die Ruhe und scheint, wie R. Pörtner schreibt, von der Lethargie, die sich ausbreitete, unberührt geblieben zu sein. Nacht für Nacht kontrollierte er die Wachen. Nur ein Wunder konnte noch helfen! Und die Chronisten berichten, ein Pilger namens Bartholomäus habe prophezeit, dass die heilige Lanze gefunden werde, und dass himmliche Heerscharen den Sieg in der bevorstehenden Schlacht entscheiden würden. – Wir kennen dieses Mittel mittelalterlicher, psychologischer Kriegsführung: Der heilige Jakobus soll im Kampf gegen die islamischen Mauren in Nordspanien als Ritter auf weißem Ross die zahlenmäßig unterlegenen Heere der Christen zum Sieg geführt haben.

In der Kathedrale des heiligen Petrus in Antiochia wurde lange gegraben, bis man endlich im aufgewühlten Boden eine Lanze fand, wie diese auch immer dorthin gekommen sein mag. Alle – natürlich außer den Eingeweihten – glaubten an ein Wunder. Die verzweifelte Stimmung schlug um. Der schwärmende Geist der (Gut-)Gläubigen erfüllte sich, wie es hieß, mit neuer Zuversicht. Die nüchternen Normannen sollen allerdings Zweifel angemeldet haben. Am nächsten Tag jedenfalls öffnete man die Tore der Stadt. Eine feierliche Prozession zog vor die Mauern der Stadt, Bischof Adhemar im Ornat mit der Lanze an der Spitze, gefolgt von weiß gekleideten Geistlichen und Mönchen mit Holzkreuzen und gefolgt von betenden Gläubigen, erst dann die Ritter auf den wenigen noch vorhandenen

Pferden und Mauleseln. Eine groteske Schlachtordnung! Aber diese hatte ihre Wirkung: Der türkische Feldherr Kerborghás gab gegen alle Regeln der Kriegsführung den Befehl, diese feierliche Prozession nicht zu stören. Ohne Gegenwehr kam so eine Bresche in die Phalanx der Türken, und das brachte sie, wie selbst arabische Berichterstatter schreiben, derart in Verwirrung, die Ritter aber in einen derartigen Rauschzustand, sodass diese schließlich einen vollen Sieg errangen. "Von eruptiver Leidenschaft getrieben", schreibt ein Historiker, "stürmten sie weiter und ließen dem Feind keine Chance sich zu sammeln."

Dieser 8. Juni 1098 n. Chr. ist das unfassbarste kriegerische Ereignis des 1. Kreuzzuges und ist als "Wunder des Orontes" selbst in die seriöse Geschichtsschreibung eingegangen. Es zählt also nicht zu den Legenden.

Das Wunder verhinderte allerdings nicht, dass unter den Heerführern bald Streit um die Herrschaft über Antiochia ausbrach. Zudem wurden die Kreuzritter von einer verheerenden Epidemie heimgesucht, vor der man aus der Stadt floh.

Am 18.August fliehe ich nicht vor einer Epidemie aus der Stadt Antakya, aber ich habe mir eine Diarrhö eingefangen und fühle mich in der freien Natur sicherer als im engen Gassengewirr der Stadt.

Ich fahre nun mit einer gewissen inneren Spannung in Richtung syrische Grenze. Was erwartet mich dort? Gibt es ähnlichen Ärger wie schon zu Hause mit meinem Antrag auf Erteilung eines Visums? Wie böse hatte die syrische Botschaft in Bonn reagiert, als ich auf die Frage nach meinem Reiseziel wahrheitsgemäß und nichtsahnend Jerusalem angegeben hatte! Welch eine

Provokation! Ich hätte ja wissen müssen, dass sich Syrien und Israel offiziell noch im Kriegszustand befinden.

All das geht mir durch den Kopf, als ich das fruchtbare Orontestal verlasse und die Landschaft um mich herum zur Wüste wird. Es ist zunächst noch eine Steppenwüste, in der die Vegetation langsam zurückgeht. Aber bald gibt es nur noch Hänge, auf denen nur stachelige, graugrüne Ranken wachsen. Und dann kommt man in Landstriche, in denen gar nichts mehr wächst. Die nackte Fläche bis zur Sichtgrenze am Horizont ist für mich, auch wenn ich es zum wiederholten Mal erlebe, immer wieder ein schauerlich trister Anblick.

Schon mehrere Kilometer vor der Grenze lassen nicht einmal mehr Telefonmasten ein entlegenes Dorf erahnen. In dieser Gegend vor einem Grenzverlauf zweier nicht allzu sehr befreundeter Staaten, in der Veränderungen als schneller Puls der Zeit sich besonders schwer tun, breitet sich die unendliche Zeit aus. Wer wollte hier spazieren gehen? – Einige Kenner der Wüste behaupten allerdings, dass gerade dort, wo niemand je einen Fuß hinsetzt, wo keine Ruinen, kein Müll zu finden sind, die Wüste auf wunderbare Weise anziehend und schön sei.

Das Grenzkontrollhaus der Syrer macht einen guten Eindruck. Es ist großzügig und aufwändig in der Ausstattung. Innen herrscht eine freundliche, ruhige Atmosphäre, ganz im Gegensatz zur Hektik an der Kontrollstelle zwischen Griechenland und der Türkei. Die Beamten wollen es allerdings genau wissen: Ich werde sogar nach den Namen meines Vaters und meiner Mutter gefragt. Meine Sorgen bezüglich verfänglicher Fragen waren aber unbegründet.

Nun bin ich also in Syrien, und Syrien grenzt an Israel, an mein Zielland! Vorher will ich aber noch zu Simon dem Säulenheiligen nach Qalàt Dair Sim àn. Den Mittelpunkt dieses frühmittelalterlichen Pilgerzentrums bilden vier Basiliken auf einem Bergrücken. Sie umgeben in Kreuzform einen achteckigen, früher überkuppelten Zentralbau. Er wurde über jener heute noch erhaltenen Säule errichtet, auf der der "Säulenheilige" Simon vier Jahrzehnte sich in Askese geübt haben soll. So beschreibt der Reiseführer "Marco Polo" die Sehenswürdigkeit.

Ich atme auf, als ich aus dem Wüstenstreifen mit der Grenzstation in eine fruchtbare Ebene komme. Bald muss ich aber abbiegen in Richtung Dana. Dort fahre ich gemächlich über die Dorfstraße an der Moschee vorbei, als sich vor mir wie auf ein Kommando die Türen öffnen und Männer in blendend weißen langen Soutanen (die arabische Bezeichnung des festlichen Oberkleids ist mir nicht geläufig) heraustreten und schweigend in Richtung Moschee gehen – eine eindrucksvolle Prozession gläubiger Moslems. – Aus den Seitenstraßen strömen immer mehr hinzu, alle in weißen langen Oberkleidern mit weißen Turbanen. Jetzt erinnere ich mich, dass ich wenige Kilometer vor dem Dorf den Muezzin mit seinem "adhan", der Aufforderung zum Gebet, gehört habe.

Ob ich in dieser Gebetszeit überhaupt etwas zu Mittag bekomme, frage ich mich. Ich habe Glück, dass nicht alle Männer des Dorfes in der Moschee sind. In einer kleinen Imbissbar werde ich mit gegrilltem Hähnchen, Brot und Sprite bewirtet. Wie profan denkt und handelt hier wieder der Jerusalempilger: Die Männer eines

Dorfes gehen in Andacht zum Haus des HERRN, und ich sorge mich um mein leibliches Wohl!

Hinter dem Dorf geht es bei großer Hitze stetig bergan. Eine steinige Wüste umgibt mich. Aber diese Wüste lebt noch: Zwischen dem Geröll stehen vereinzelt einfache kleine Häuser, und nicht weit entfernt suchen jeweils kleine Herden von Schafen ihre Nahrung. Es bleibt mir ein Rätsel, wo die Tiere ihr Gras finden.

Um mich zu orientieren und zu erkunden, wie weit es noch bis zum Säulenheiligen ist, stelle ich mein Fahrrad an den Straßenrand und gehe mit der Karte auf ein Haus zu, vor dem der Patriarch sitzt und zufrieden auf seine Mörtel anrührenden Söhne oder Gehilfen herabschaut. Nach einer freundlichen Begrüßung lässt ein junger Mann seine Schaufel fallen und kommt zu uns, um zu dolmetschen. Er spricht ein besseres Englisch als ich. Ich werde zum Mittagessen eingeladen, und, um der Bitte Nachdruck zu verleihen, kommt die "mater familias" aus dem Haus, was sonst im Orient nicht üblich ist. Ich muss höflich ablehnen, was mir mit Worten allein nicht leicht fällt. Schließlich nehme ich meine Hände zu Hilfe, deute einen vollen Bauch und einen kranken Unterleib an. Man nimmt meine Entschuldigung mit viel Palaver an.

Ich muss noch weiter die Wüste durchfahren. Hinter dem nächsten Dorf sehe ich in der Ferne die Ruinen der Basiliken des ehemaligen Wallfahrtsortes. Ein grüner, mit Bäumen bewachsener Flecken Land und die wenigen Häuser zur Linken lenken mich vom Weiterfahren nach Dair Sim àn ab. Der Abstecher ist kein Fehler. Ich bin bald umgeben von neugierigen und mitteilungsbedürftigen Kindern. Sie führen mich zu mehreren Fel-

Relikte aus römischer Zeit

sengräbern und Grotten, die aus der prähistorischen Zeit stammen dürften. Mitten in einem Geröllfeld stehen zwei riesige Rundsäulen mit einem viereckigen Steinjoch, ein einsames Relikt aus römischer Zeit. Das absolute Verschwinden aller übrigen Bauten ringsum ist mal wieder *das* Erlebnis der Nichtigkeit alles Irdischen, auch der werten eigenen Person.

Am Straßenrand zeigt mir ein Junge einen großen, rechteckigen Felsbrocken, der in der Mitte ein kreisrundes, etwa 30 cm großes Loch hat. Er nimmt einen Eimer mit langem Seil – und jetzt dämmert es mir: Ein Brunnen, aus dem der Kleine behände klares, kaltes Wasser schöpft. – Ein Labsal! – Ich darf mir auch einige kleine Äpfel aus einem Sack nehmen, der offensichtlich auf einen Käufer wartet. Vom Feigenbaum werden reife Früchte gepflückt, bevor ich auf meine Darmbeschwerden aufmerksam machen kann, und dann werden von mir ein paar Geldscheine verteilt. Darüber fallen die Jungen her wie der Teufel über die armen Seelen.

Nun drängt die Zeit! Vor Sonnenuntergang will ich in Aleppo sein. Ich fahre über einen Schotterweg zur Anhöhe hinauf, hinter der ich die Ruinen der Basiliken vermute. Zur Linken ist das Wüstenfeld übersät mit Säulen und Steinquadern. Einer Kirchenruine fehlen nur das Dach und die Fensterrosetten. Eine bizarre Landschaft!

Während ich mühsam mein Fahrrad nach oben schiebe, höre ich hinter mir das fröhliche Wiehern und das schnelle Klappern von Pferdehufen. Ich drehe mich um, und es bietet sich mir ein in der Wüste wohl seltener Anblick: Eine kleine Herde von halbwüchsigen Gäulen galoppiert schnurstracks auf mich zu. Ich muss für sie ein seltsames Wesen sein, denn sie machen vor mir Halt und tänzeln unruhig auf der Stelle. Mitten durch die illustre Schar rassiger Tiere schreitet – das ist kein Gehen – mir ein großer, stolzer älterer Araber entgegen, der als Hirte der Pferdeherde vom äußeren Erscheinungsbild her nicht zu erkennen ist. Sein langes graues Oberkleid ist maßgerechte Schneiderarbeit, der Stoff vom Feinsten und ohne ein Staubfleckchen, die Sandalen sind gewienert. Und erst der Turban! Von dieser Steckkunst könnte noch Arafat lernen! Die Gesichtszüge des Mannes sind ebenmäßig und ohne Falten. Der Blick seiner Augen ist durchdringend, aber freundlich. Ich werde wie ein alter Bekannter begrüßt. Die Verständigung ist etwas schwierig. Er spricht mehr französisch als englisch. Aber wir kommen zurecht. Jetzt erfahre ich, dass ich auf einem Umweg zu den Basiliken des hl. Simon bin.

Auf der Bergkuppe sehe ich in etwa 3 km Entfernung den antiken Wallfahrtsort bzw. das, was davon noch übrig geblieben ist. Und ich sehe vor mir noch einige karstige Hügelkuppen und steinig nackte Hänge. – Das reicht, sage ich mir: Ade, du seltsamer Heiliger! Da ich für deine Art von Askese sowieso nichts übrig habe, soll es mit dem Sichtkontakt zu deinem Heiligtum sein Bewenden haben. – Ich kehre um und fahre langsam auf dem holprigen Weg zurück zur Landstraße.

Nach Aleppo führt eine gute Straße durch einen Landstrich, in dem der Mensch erfolgreich die Wüste gebändigt hat. Hier radelt man mit Lust und ist froh, dass man die Gegend hinter sich gelassen hat, wo die Reste der Bemühungen, die Wüste in den Griff zu bekommen, im

Laufe von zwei Jahrtausenden nur noch erbärmlich aus Sand und Geröll ragen.

In Aleppo bekomme ich in der Altstadt und ganz in der Nähe des Suq ein Hotelzimmer für 400 SL, das sind etwa 15 DM.

Ich sollte noch kurz etwas zur Stadt sagen: Aleppo konkurriert seit Jahren mit der Rivalin im Süden, mit Damaskus, um die Ehre, die älteste ständig bewohnte Stadt der Welt zu sein. Über Jahrhunderte war Aleppo eine Handelsmetropole von großer Bedeutung. Die Stadt lag am Schnittpunkt der großen Handelsrouten von Europa nach Zentralasien, Indien und Zweistromland. Mit nachlassender ökonomischer Betriebsamkeit – der Suezkanal zog Warenströme ab – scheint die Stadt Altes konserviert zu haben. Das vermittelt dem Touristen heute eine authentische Vorstellung vom Leben in der Stadt vor rund 300 Jahren, wenn man in Ruhe den Suq besucht.

19. August:
Dieser Besuch steht heute auf dem Programm. Dafür nehme ich mir auch genügend Zeit. Aber vorher muss ich meine Geldbörse auffüllen. Da es keine Geldautomaten gibt, muss ich meine Traveller-Schecks in Dollarwährung anbrechen. Nun habe ich aber vergessen, den Kaufnachweis von meiner Bank mitzunehmen. Der liegt irgendwo bei den Papieren im Hotel. Die Bankangestellten sind pedantisch. Ich könnte ja auch Blankoschecks gestohlen oder nachgedruckt haben. Aber als ich auf Befragen mich als Doktor der Rechte und ehemaliger "hakim" (Richter) vorstelle, werde ich eine "persona grata" und bekomme meinen Scheck gewechselt.

In den überkuppelten Gängen des Suq taucht man in eine völlig andere Welt ein. Durch die Lichtöffnungen in den alten Kuppel- und Tonnengewölben des Suq fällt ein zauberhafter Dämmerschein. Gerüche, Farben und Gedränge sind hier intensiver als im Basar von Istanbul. Es gibt einen Suq der Souvenirhändler, der Fleischer, der Bäcker, der Schuster und Scherenschleifer, Gewürzkrämer und Parfümhändler und eine Konzession an die Neuzeit: Auf kleinen Taschenrechnern wird beim Feilschen um den Preis die verbleibende Gewinnspanne ausgerechnet.

Es kostet schon eine starke Überwindung der Kauf- und Sammlerlust, an all den verlockenden Sachen vorüberzugehen und den freundlich zu einem Cay einladenden Verkäufern mit eiserner Miene erklären zu müssen, dass man um des Schauens und Erlebens willen gekommen und jedes Werben und Animieren vertane Liebesmüh ist. Als ich nach geraumer Zeit den Suq verlasse und mit fast leeren Händen dastehe – ich habe lediglich zwiebackähnliche Hörnchen aus bekanntem Grund gekauft –, bin ich doch etwas traurig. Die Freude an einem schönen Andenken aus dem berühmten Suq von Aleppo wäre auch für einen Jerusalempilger keine Todsünde gewesen. Aber mein Drahtesel kann keine zusätzliche Last schleppen; und Päckchen zu packen und ein Postamt zu suchen, das ist mir zu lästig. Basta!

Auf einem steilen, gleichförmigen Hügel überragt die Zitadelle von Aleppo Häuser und Suq. Dieser kolossale Festungsbau hat bis ins späte Mittelalter allen Angriffen, auch denen der Kreuzritter, getrotzt. Selbst in der Blütezeit des so genannten Lateinischen Königreichs von Jerusalem, während der Aleppo den Kreuzrittern tributpflichtig war, konnte kein bewaffneter Ritter die Zitadelle betreten. Erst die Mongolen haben sie auf ihrem Zug zum Mittelmeer erobert.

Schon Abraham soll an einem Brunnen auf dem Zitadellenberg sein Vieh getränkt haben. Die Moslems haben im Gedenken daran eine Moschee über dem Brunnen erbaut. Von der Größe der Festung habe ich mir einen Eindruck auf einer Taxifahrt rund um den Hügel machen können.

Der Zugang zur Zitadelle von Aleppo

15. Auf der geschichtsträchtigen Straße von Aleppo nach Damaskus

Ich habe meine Schwierigkeiten, trotz Stadtplan ohne Umwege die gewünschte Ausfallstraße aus einer größeren Stadt zu finden. Also orientiere ich mich zunächst vom Standort aus an der einzuhaltenden Himmelsrichtung, wie ich das vom Sportfliegen her gewohnt bin – auf dem Boden allerdings ohne navigatorische Peilung – und fahre los, bis ich annehme, dass ich den Stadtkern hinter mir gelassen habe. Dann wird nach dem weiteren Reiseziel gefragt.

So mache ich es auch heute beim Verlassen der Stadt Aleppo. Nachdem ich einige Kilometer gefahren bin, spreche ich jemanden an. Der ruft seinen Vater, der bereitwillig mit mir zu Fuß etwa einen Kilometer bis zur Ausfallstraße geht. Ich bedanke mich herzlich, schwinge mich aufs Rad und ab geht es in Richtung Hama.

Vor der Stadt wird mein allgemein vorherrschendes Glücksgefühl gedämpft. Draußen auf dem "Schlachtfeld" der freien Natur lauert mein Feind, der Gegenwind. Er walzt wieder mit voller Breitseite gegen mich an.

Ich drossele meinen inneren Motor und lenke mich mit folgender Überlegung ab: Wenn Abraham in Aleppo Halt gemacht hat, dann ist er auf seinem Zug nach Süden, nach Kanaan, auch in Ebla gewesen. Aus meinen Vorbereitungen weiß ich, dass man dort umfangreiche Ausgrabungen durchführt. Erinnerungen an mein Studium assyrischer Keilschrifttexte werden wach.

Bei der Stadt Ebla: Die Reste eines großen Königspalastes

Ebla liegt etwa 60 km südlich von Aleppo, unweit der Verkehrsader, die Aleppo mit Damaskus verbindet. Die Ausgrabungen liegen am Hang einer fruchtbaren Senke, einer Oase. Ebla ist ein uralter Siedlungsplatz. Die Blütezeit der frühsyrischen Stadtkultur Ebla war von 2400 bis 1600 v. Chr. Ebla war Königssitz. Sein Einfluss reichte wirtschaftlich und kulturell bis ins Zweistromland und bis Ägypten. Die Stadt hatte eine Mauer mit vier Toren und einen zusätzlichen Verteidigungswall. Im Zentrum fand man die Reste eines 10.000 qm großen Königspalastes mit Audienzräumen, Gemächern, Lagerräumen, Verwaltungstrakten und Handwerksbetrieben. In dem ehemals wohl 60 ha großen Stadtbereich machte man einen sensationellen Fund: In einem Kellerraum stieß man auf eine Sammlung königlicher Dekrete, Vereinbarungen mit Handelspartnern und auf ein zweisprachiges Wörterverzeichnis in eblaischer und sumerischer Sprache. Alle Texte waren in Keilschrift in 1400 Tontäfelchen eingeritzt. Man fand auch einen an den Bibliotheksraum angrenzenden Schreibraum mit Schreibutensilien und weiteren 500 Tontäfelchen, die Auskunft über das damalige kulturelle, wirtschaftliche und religiöse Leben geben. In einer Hymne an den Gott Schans klingt der Eingottglaube an: "Herr des Himmels und der Erde. Du hast sie erschaffen. Nicht war das Licht des Tages. Du hast das Licht entstehen lassen ..."

Der Wohlstand der Stadt lockte im 3. Jahrtausend v. Chr. feindliche Mächte an: König Sergon von Akkad eroberte 2300 v. Chr. Ebla und wenig später wurde die Stadt König Navamsin von Akkad tributpflichtig.

Es ist schon ein sonderbares Gefühl, auf den fast 4000 Jahre alten Straßenrelikten an den Hauswänden und Kellergewölben vorbei den Hang hinauf zu gehen. Die Archäologen der Universität Rom, die hier arbeiten, rekonstruierten einige Wohnhäuser. Allzu gern hätte ich eine Kopie der vielen ausgegrabenen Tontäfelchen mit Keilschriftaufzeichnungen gekauft, aber jede einzelne war auch tonscherbenschwer.

Ich bin am heutigen 19. August nicht weit gekommen. Etwa 20 km südlich von Ebla darf ich wieder die Gastfreundschaft des Orients genießen:

Auf der Suche nach frischem Wasser komme ich etwas abseits der Straße an eine Wasserstelle, die allerdings defekt ist. Von der Terrasse eines großen eingeschossigen Hauses beobachten mich vier Männer mittleren Alters, die, wie mir scheint, zu einem Plauderstündchen zusammengekommen sind. Sie sind mit langem Oberkleid und Turban festlich gekleidet. Ich vermute, dass es die Dorfältesten sind. Und schon werde ich herangewunken. Ich habe mich kaum vorgestellt, da wird schon wie von Zauberhand aus Tausendundeinernacht eine kleine Abendmahlzeit herangetragen. Der Wortführer der Männer spricht Englisch und – ich staune – etwas Deutsch. Er hat einige Semester in Chemnitz im Baufach studiert und 1989 die Wende miterlebt.

Nach einer guten halben Stunde zeigen sie, ihre Handflächen nach oben haltend und die Stirn berührend, an, dass die Zeit zum vierten Tagesgebet gekommen ist. Sie stehen auf und gehen in den großen offen stehenden Raum. Jetzt wird mir endlich bewusst, dass ich mich vor der Dorfmoschee bzw. dem Gebetshaus befinde. Da ich kein Minarett, aber an einer Wand des großen Raumes einen Fernseher gesehen habe, ist mir trotz der überall ausgelegten Teppiche nicht in den Sinn gekommen, dass das Haus vornehmlich dem Gebet dient. Andächtig versehen die Männer nach den vorgeschriebenen Riten ihr Gebet. Der Fernseher stört sie nicht. Es ist schon beeindruckend, mit welchen körperlichen Ausdrucksformen der gläubige Moslem sein Gebet verrichtet. Die etwa zehnminütige kniende Haltung würde manchen Christen überfordern und mehr noch das devote Neigen des Oberkörpers hinunter zum Boden bis der Kopf den Teppich berührt. Wer von uns macht noch beim Betreten der Kirche an der Bank oder bei der Wandlung im Gottesdienst eine Kniebeuge bis zum Boden? Wir grüßen unseren Herrn doch allenfalls nur noch mit einem mädchenhaften Knicks.

Nach dem Gebet wird wieder palavert, wobei ich immer ins Gespräch einbezogen werde. Als ich diskret andeute, dass es an der Zeit ist aufzubrechen, fragt man mich, wie ich denn zu übernachten pflege. Ich zeige auf mein Zeltgepäck und deute auf das Rund des Sternenhimmels. Die Männer lachen, und der Wortführer weist auf den Gebetsraum und meint, auf den Diwans läge man besser als auf dem harten Boden der Wüste. Ein Weiterfahren komme für heute nicht mehr in Frage und Dusche und Toilette befänden sich im Nebenraum.

Ich habe also wieder einmal – profan ausgedrückt – das große Los gezogen. Ich bleibe, und erst gegen 24 Uhr geht der letzte der Runde. Ich glaube, dass das soziale Element einer Pilgerreise kaum überzeugender verdeutlicht werden kann als mit der Schilderung dieses Abends.

Allein im großen Gebetsraum, auf einer mit grob gewebtem Tuch überzogenen schmalen Matratze hockend, das Neue Testament aufgeschlagen vor mir, wird mir auch die spirituelle Seite des Abends bewusst. Das Erlebnis von Gemeinschaft, von ursprünglicher Gastfreundschaft, man kann es auch Nächstenliebe nennen, von der Selbstverständlichkeit der Gebetsstunde zeigt, dass der Mensch allein mit rationalen und irdischen Aspekten allein nicht ausgefüllt ist. Diese Moslems waren nicht zum Gebetshaus gekommen, weil die Keule des "Du sollst" sie rief. Ihre Andacht beim Beten zeigte, dass ein inneres Bedürfnis der Motor war.

Und das ist das Besondere an meiner Pilgerfahrt: Das natürliche, von selbst kommende Besinnen auf überrationale Dimensionen, das Ausleben der spirituellen menschlichen Seite, das Erleben von Gemeinschaft, die Möglichkeit, meinen eigenen Gedanken in Ruhe nachhängen zu können, das ist es, was mich seit meiner Pilgerfahrt nach Santiago de Compostela weitergetrieben hat.

20. August:
Dass ich heute Morgen in einem moslemischen Gebetshaus ein Kapitel aus dem Neues Testament und einen Psalm lese, scheint Allah zu gefallen: Ich packe soeben meine Sachen zusammen, als einer der Männer vom Vorabend vor mir steht und mich bittet, auf der Terrasse Platz zu nehmen, das Frühstück werde gleich gebracht. Auf einen Pfiff in Richtung eines der nächsten Häuser hin, öffnet sich ein Fenster. Die Bestellung ist angekommen, und wenige Minuten später kommt der Junge, der schon am Vorabend für Tee und Brotnachschub gesorgt hat, mit einem großen Silbertablett aus dem Haus und

richtet mir auf einem kleinen Tisch ein opulentes Frühstück. Sogleich verabschiedet sich mein Gönner: Die Arbeit rufe. Ich frühstücke genüsslich.

Und da passiert es: Der Junge, der schon eine geraume Zeit auf Arabisch zu mir spricht, was ich nur mit freundlichem Lächeln und – das war wohl mein Fehler – mit Kopfnicken quittiere, greift sich plötzlich mein fertig gepacktes Fahrrad, und ehe ich ihn halten kann, ist er aufgesprungen und rast in Richtung Dorf davon. Mir ist sofort klar, dass sein Palavern die Bitte um die Erlaubnis für eine Spritztour war. Der letzte Bissen bleibt mir im Munde stecken. Ob das gut geht? Er ist eine geraume Zeit verschwunden. Dann kommt er auf einem nicht asphaltierten Seitenweg rasend einen kleinen Hügel herunter zurück. Ich halte den Atem an: Der Lausbub fährt freihändig! Und das geht wider Erwarten gut! Ich habe in übermütiger "Champagnerlaune" das Freihändigfahren schon mehrmals ausprobiert. Jedes Mal schlug der Lenker gleich zur Seite. Der Bursche strahlt, als er das Fahrrad hinstellt. Ich habe bald mein innere Ruhe wiedergefunden, schenke dem Kleinen ein schönes kleines verchromtes Taschenmesser mit Lederetui und verlasse die gastliche Stätte.

Das Dorf, in dem übrigens intensiver Marmorabbau betrieben wird, ist nicht in meiner Karte verzeichnet. Wenn ich mich recht erinnere, heißt es Kanicel.

Die Weiterfahrt nach Hama ist langweilig, die Gegend wenig abwechslungsreich. Das einzig Gute: Ich habe keinen Gegenwind.

Das "Essenfassen" ist in Syrien für einen sparsam lebenden Fahrradfahrer nicht einfach.

Krak des Chevaliers

Gegen Mittag wird der Hunger trotz "mulmigen" Gefühls im Bauch groß. Kein Restaurant und kein Dorf sind weit und breit in Sicht. Endlich dann ein Imbissstand! So baufällig der Schuppen von außen ist, so unappetitlich ist er im Inneren. Um den Fleischholzblock eiherum schwirren Myriaden von kleinen Fliegen. Mit einem Ventilator, der auf den Arbeitsplatz gerichtet ist, versucht der Wirt die lästigen Tiere zu verscheuchen. Vergeblich! Ich bleibe trotzdem. Der Holzkohlengrill glüht und der wird mir wohl das Fleisch desinfizieren. Aber soweit ist es noch lange nicht. Zuerst muss ich dem Burschen, der das Fleisch – mehr Fett als Fleisch – auf den Spieß steckt, ziemlich grob deutlich machen, dass ich den Fettspieß nicht essen werde. Als er so tut, als verstünde er mich nicht, reiße ich ihm den gefüllten Spieß aus der Hand, werfe ihn zur Seite, gebe dem Verdutzten eine leere Spießstange in die Hand, hole mir ein Stück Fleisch ohne Fett vom fliegenübersäten Vorrat und lege es mit einem harten "this, boy!" vor. Ohne Widerrede geht er erneut an die Arbeit. Mir schmeckt es schließlich trotz Ungeziefer. Schlimmer kann es in meinem Bauch ohnehin nicht werden.

In Hama quartiere ich mich für zwei Tage in einem soliden, aber auch nicht billigen Hotel mit europäischem Standard ein.

21. August:
Die achte Woche fängt mit einer strategischen Unkorrektheit an. Ich bin der Versuchung erlegen, den Weg zum Krak des Chevaliers, der größten und besterhaltenen Kreuzritterburg, nicht mit dem Fahrrad wie geplant, sondern mit einem Kleinbus, der von mehreren Hotels der Stadt einmal wöchentlich eingesetzt wird, zurück-

Der Torweg zur Kreuzritterburg Krak des Chevaliers

zulegen. Im Nachhinein muss ich sagen, dass es eine richtige Entscheidung war. Die Kreuzritterburgen in Nordwestsyrien haben mit meinem Kreuzzugsweg wenig zu tun. Allerdings findet man kolossale Spuren der Kreuzritter.

Eine herrliche Berglandschaft mit grün bewaldeten Hängen und ärmliche, aber saubere Dörfer rauschen auf der Busfahrt an mir vorbei. Mein betrachtender Blick ist diese Geschwindigkeit gar nicht mehr gewohnt.

Der Normanne Tankred, der Neffe Herzog Bohemonds, nahm 1110 n. Chr. die Festung dem Emir von Homs ab. Als Tankred die Burg eroberte, war der Krak lediglich eine kleine kurdische Festung, von der aus die Straße von der Küste ins Hinterland bewacht wurde. Tankred baute sie zur größten, wichtigsten und sichersten Kreuzritterburg aus. Der Platz reichte aus, um einer 4000 Mann starken Garnison Unterkunft zu bieten.

Der Krak blieb übrigens 162 Jahre in der Hand der Kreuzritter. Erst im April 1272 gelang es dem moslemischen König Az-Zaher Bairbas, die Burg einzunehmen. Heute ist der Krak des Chevaliers ein touristischer und archäologischer Anziehungspunkt.

Im Torgewölbe kaufe ich eine bebilderte Broschüre in deutscher Sprache und gehe dann durch den mit großen Steinen gepflasterten und von gemauerten Rundbögen überdachten Hauptzugang nach oben. "Der Torweg ist so breit, dass eine ganze Schwadron in geschlossener Viererformation hinaufreiten könnte", kommentiert R. Pörtner diesen düsteren Bauteil. Erst nach etwa 80 Meter komme ich in die weiten, freien Höfe der Burg. Der Rittersaal im Stil der frühen Gotik und die Kapelle sind relativ gut erhalten. In den unteren Stockwerken liegen die Mannschaftsräume und die Vorratsräume. Ein Backofen riesigen Ausmaßes ist noch vorhanden. Hier wurde für alle das tägliche Brot gebacken.

Die Anlage hat gigantische Dimensionen. Sie ist zugleich großartig und pathetisch, aber auch von barbarischer Kälte. Was war das für eine Welt, aus der diese Ritter kamen, die solch mächtige Burgen bauten? Wie eine Naturkatastrophe muss für die Araber und Türken das plötzliche Auftreten der schwer bewaffneten Ritterheere und ihre durchdachte Strategie der Festigung ihrer Macht durch die Burganlagen gewirkt haben. Ihre Plätze waren so ausgewählt, dass immer wenigstens zwei Burgen in Sichtweite voneinander lagen. Das System beherrschte die von Norden nach Süden führende Küstenstraße und die alte Karawanenstraße zwischen Gebirge und Wüste. Zugleich waren diese Burgen die Zentren der Kolonisierung, der Ansiedlung fränkischer Bauern.

Wenn man solche Trutzburgen für sich betrachtet und den Hintergrund außer Acht lässt, auf dem die Kreuzzüge sich abgespielt haben, dann wundert es einen nicht, dass die Kreuzzüge von vielen Menschen als eine verschollene, romantische Legende betrachtet werden. Die Bedeutung der Kreuzritterburgen im Kontext der Kreuzzüge lehrt uns aber, dass die Kreuzzüge mehr waren, auch und nicht zuletzt eine großartige Manifestation des Glaubens und der Tapferkeit.

Bevor wir mit dem Kleinbus die Heimfahrt nach Hama antreten, versuche ich den Fahrer zu bewegen, das nicht weit vom Krak des Chevaliers gelegene Georgskloster, das einen prachtvoll geschnitzten Altar und alte Ikonen

Wasserschöpfräder (Norias)

birgt, anzufahren. Entweder versteht er mich nicht oder er will nicht von seiner Route abweichen. Es hätte sicher nicht geschadet, wenn wir nach den Eindrücken vom Krak auf andere Gedanken gekommen wären. So fahren wir halt zügig wieder zurück.

Am Nachmittag habe ich in Hama vergeblich nach Kuchen und Kaffee Ausschau gehalten. Kaffee scheint in dem sozialistisch geführten Land immer noch Mangelware zu sein.

Entschädigt werde ich durch das "singende", algenbewachsene Schöpfrad am Ufer des Orontes mitten in der Stadt. Während das Schöpfrad an der Ruine der alten christlichen Basilika offensichtlich für immer stillsteht – das ursprünglich vorgesetzte kleinere dritte Rad hat man wegen Baufälligkeit leider einfach abgerissen –, dreht sich das gegenüberliegende, als ich vorbeischlendere. Das hölzern knarrende Geräusch des Rades, des "Na ùra", hebt sich wohltuend vom Lärm des Straßenverkehrs und vom Geplärre der Lautsprecher aus den Bars ab.

22. August:
Von Hama nach Hims (Homs) sind es etwa 50 km. Hier, in dem vom Orontes bewässerten Tal, macht das Fahrradfahren Spaß. Auch der Wind meint es heute gnädig mit mir. Kurz hinter Hims erkenne ich dann die untrüglichen Anzeichen der beginnenden Wüste. Ganz langsam vergeht die Vegetation. Die Pflanzen auf den beackerten Böden werden spärlicher. Vom üppigen Garten Eden, wie ich das Orontestal bezeichnen möchte, komme ich in die vermaledeite Wüste. Was bleibt, ist die sonnendurchflutete Leere.

Die nackten, nur mit Geröll bedeckten Flächen sind ein schauerlich trister Anblick. Und auch hier lassen nur Strom- und Telefonmasten erahnen, dass es irgendwo in der Ferne ein Dorf oder eine Tankstelle gibt. Insofern ist die Wüste, durch die ich fahre, niemals ganz leer. Auch Orts- und Kilometerschilder stehen mir noch Spalier.

Vor solch einem Schild mit dem Hinweis, dass es noch 100 km bis Damaskus sind, mache ich Halt, stelle mein Fahrrad an die Schildstange, gehe 40 bis 50 m in das Geröllfeld und banne die Szene auf Zelluloid.

Die kurze Strecke hinein in das flache Wüstenfeld zeigt mir, wie beschwerlich das Gehen hier ist: Ein Stolpern und Stampfen! Was ich als einzelner Abweichler von der Fahrbahnroute an Spuren hinterlasse, wird sicherlich bis zum Abend vom Wind wieder verweht sein. Ein Blick in die Runde sagt mir: Das hier ist das Urchaos. Sand, Kieselstein, Felsbrocken liegen durcheinander, ein Melodram, wie es P. Linden (a. a. O., S. 37) gut beschreibt.

Solche lebensfeindliche Räume haben die Extremsportler für ihren ultimativen Kick entdeckt. In Australien und Nordafrika werden wochenlange Wanderungen "per pedes apostulorum" durchgeführt. Dem ziehe ich meinen "Kick" in einer 5000 km langen und weniger beschwerlichen Pilger-Radtour vor: Jedem halt das Seine!

Wenn es am Straßenrand nur etwas sauberer wäre! Die ersten Kilometer hinter einer Stadt oder einer Tankstelle sind einfallslos mit leeren Plastikflaschen und Verpackungsmaterial verunziert. Diese menschliche Unordnung, die so gar nicht in das Chaos einer Wüste passt, lerne ich in extremer Form kennen, als ich auf meiner Weiterfahrt in die Nähe einer großen Windhose komme. Von ferne scheint mir, dass in einer leichten Senke von Menschenhand ein Feuer mit steil aufsteigender Rauchsäule entfacht worden ist. Doch die darin rundwirbelnden hellen Flecken irritieren mich! Ich staune nicht wenig, als sich die etwa 200 m entfernte "Rauch"säule in Bewegung setzt und sich rasch meiner Fahrtrichtung nähert. Da fällt auch schon bei mir der Groschen! Die hellen Flecken erkenne ich als Plastikfetzen und die "Rauch"säule als eine stürmische Windhose. In der kleinen Senke, in der Beduinenzelte und einige feste niedrige Katen stehen, muss sich das kleine Naturereignis – für mich etwas Neues – zusammengebraut haben. Bevor mich der Sandwirbel erreicht, kann ich einen Unterschlupf finden: Ein Knoblauchbauer aus der nächsten Ansiedlung hat am Straßenrand mit Binsenmatten, Holzpfählen und Stricken einen sturmsicheren Unterstand gebaut. Ich lege mein Fahrrad vorsorglich auf den steinigen Boden, nehme meinen Helm ab und strecke meinen Kopf durch die Schnürentür. Drinnen sitzen auf Teppichkissen ein Mann mittleren Alters, der mich freundlich auffordert, hereinzukommen und Platz zu nehmen, wobei mich der Goldschmuck seiner makellosen Zähne anblinkt, und zwei Jungen, wohl die Söhne des Knoblauchbauern. Das Innere der Hütte ist sauber, ja wohnlich. Die Sitzkissen sind mit handgewebten Teppichen belegt. Auf einem kleinen Beistelltisch steht eine große, moderne Isolierkanne mit Tee. Auf einem kupfernen Tablett werden saubere Caygläser herumgereicht. Eine halbe Melone und etwas süßes Gebäck kann ich anbieten. Der ältere Sohn des Bauern spricht Englisch und so kommt bald fröhliche Stimmung auf. Ein Europäer in der Verkaufshütte eines Knoblauchbauern ist ja auch eine Seltenheit.

Der Sandsturm hat sich inzwischen längst verzogen. Es fällt mir wirklich nicht leicht, die gemütliche Runde zu verlassen. Vor der Hütte nehme ich mir noch die Zeit, das Arrangement der Verkaufsware zu inspizieren: Die Knoblauchzwiebeln hängen, in langen Strängen zusammengeschnürt, von den Seilen herab, mit denen die Hütte verankert ist. Ein dezenter, nicht penetranter Knoblauchgeruch rundet das Ganze ab.

Mich nimmt bald die sonnendurchflutete Leere der Wüste wieder in ihren Bann. Der bislang ferne Horizont rückt allmählich näher. Ich komme in die Ausläufer des Antilibanon. Wie riesige Schutthalden türmen sie sich vor mir auf. Der Sand weicht immer mehr dem klobigen Gestein. Hier kann der Mensch nicht einmal mit einem Fußabdruck seine Gegenwart beweisen. Und doch will auch hier ein Mensch das Chaos beherrschen: Auf riesigen Plakatwänden und auf hohen Betonsockeln schaut er in die Weite, der tote Hafiz al Asad. Er soll auch noch nach seinem Tod allgegenwärtig sein. Ein Affront, wie P. Linden in seiner Wüstenbeschreibung mit Recht sagt, gegen die ewig tote Wüste, vor der doch politische Botschaften erbleichen müssen!

Hier in dieser Wüstenstille, wo schon jedes Wort zum Tumult wird, gibt es offensichtlich weit abseits der Fahrtroute eine Stelle, wo der Mensch dem Boden Schätze abringen will. Plötzlich zerreißt eine dumpfe Explosion die Stille. Meine Erinnerungen an Sprengstoffzündungen auf der Versuchsstrecke der Dynamit-

Nobel AG in Leverkusen-Manfort während meiner Werkstudentenzeit signalisieren mir sofort, dass es sich um eine Gesteinssprengung mit Amongelit oder Dynamit handelt. An den Gebirgshängen wird offensichtlich Marmor abgebaut. Ein riesiger grauweißer Staubpilz, wohl zwei Kilometer entfernt, breitet sich rasch aus und wälzt sich, vom Wind getrieben, langsam auf mich zu. Die Staubwand wird breit und breiter. – In einer ähnlichen Situation war ich doch schon einmal! Vor Harburg, als eine Gewitterfront hinter mir her war!

Je näher die Welle kommt, umso mehr zerfließt sie. Schon will ich in mein normales Fahrtempo zurückschalten, als es zwischen meinen Zähnen knirscht und winzige Staubpartikelchen in meinen Augen kratzen. Also hat mich die Explosionswolke doch noch eingeholt und mich in einen gelbgrauen Nebel eingehüllt. Er zerfließt so schnell, wie er gekommen ist. Die Staubspur bleibt mir auf Fahrrad und Bekleidung noch bis zum Abend erhalten.

16. Ein Umweg über Maaloula

Es geht weiter nach Süden. Mit jedem Kilometer komme ich meinem Ziel näher. Der Straßenbelag gleicht dem einer Rennpiste. Der Wind weht stetig steif von schräg hinten. Der vorbeirauschende Verkehr ist erträglich und die Hitze wüstenmäßig. In Abständen von zehn Minuten muss ich einen kräftigen Schluck aus meinen Wasserflaschen nehmen. Auch warmes Wasser kann Durst löschen, aber es lindert nicht meine anhaltende Darminfektion. Die Tankstellen kommen just immer dann in Sicht, wenn mein Wasservorrat zur Neige geht. Es ist wohl kaum glaubhaft zu vermitteln, dass ich auf meiner ganzen Reise durch den brütend heißen Vorderen Orient nicht an Durst gelitten habe. Ich muss einmal einen Theologen fragen, ob es einen Nothelfer für Pilger gibt!

An einer Tankstelle erfahre ich, dass es in dem Städtchen Nabk ein Hotel gibt. Das beruhigt mich, aber an der Abfahrt angekommen, versichern mir mehrere Einheimische, die an einer Bushaltestelle warten, dass in Nabk das letzte Hotel vor kurzem geschlossen worden sei. Nun muss ich aber die Hauptverkehrsstraße Richtung Damaskus verlassen, denn ich will zum bekanntesten und berühmtesten Dorf Syriens, nach Maaloula.

Dieser Ort, in dem sich die Bewohner bis heute ihren aramäischen Dialekt bewahrt haben, den so ähnlich Jesus gesprochen haben soll, liegt malerisch am Fuße steiler, von Höhlen durchzogener Felshänge. So jedenfalls habe ich es in meinen Aufzeichnungen vermerkt. Und noch etwas lockt mich auf den Umweg ins Wüstenge-

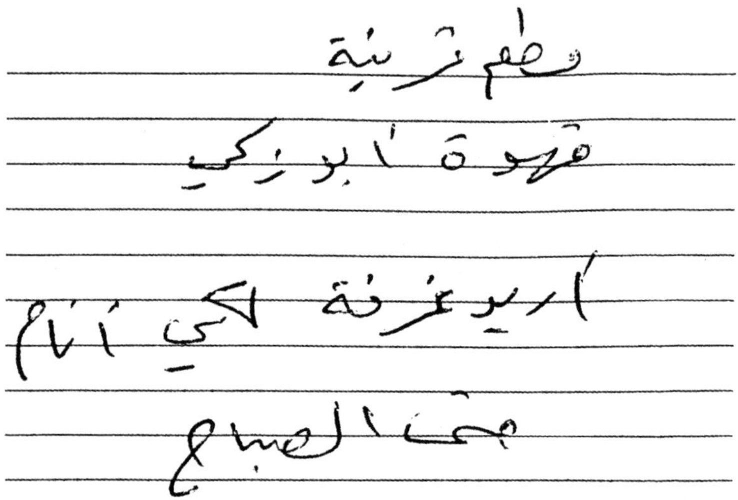

In den ersten beiden Zeilen wird das Restaurant bzw. Café benannt, das ich suche.
Die Übersetzung der 3. und 4. Zeile lautet: "Ich hätte gerne ein Zimmer, um (dort) zu schlafen."
(Der Text ist übrigens in klassischem Hocharabisch geschrieben.)

birge: Die auf ihre Weise schöne Berglandschaft, die Klöster des heiligen Sergius und der heiligen Thekla, deren Spuren ich schon an der Südküste der Türkei entdeckte, und der angeblich sehr kräftige Maaloula-Wein.

Also fahre ich zunächst Richtung Yabroud und hoffe, in diesem Städtchen ein Hotelbett zu finden.

Fehlanzeige! Aber außerhalb der kleinen Stadt soll, so versichert mir ein freundlicher Passant, ein Restaurant mit Übernachtungsmöglichkeit sein. Auf einem freien Blatt meines Taschenkalenders kritzelt er ein paar Sätze in Arabisch, die ich am Ortsausgang wiederum Einheimischen vorzeigen soll, und so werde ich schließlich ein Dach über dem Kopf finden.

Als ich den Ortsausgang gefunden habe, ist es bereits dunkel. Kein Mensch ist weit und breit zu sehen. Häuser stehen hier nur noch vereinzelt. Ein entferntes Licht zieht mich an. Es kommt von der Terrasse eines herrschaftlichen Hauses. Dort sitzt eine Wasserpfeife rauchend der "pater familias" und um ihn herum die große Familie. Ich wage es, dieses friedvolle Bild zu stören. Aber als Eindringling werde ich nicht angesehen, ganz im Gegenteil. Nachdem der stattliche Mann den Vermerk gelesen hat, werde ich ins Haus gebeten, und die ganze Sippschaft folgt. Ein auffallend großer Schreib tisch und mehrere große Sessel und Sofas mit Clubtischen füllen das Zimmer. Ich bin, wie sich später herausstellt, im Arbeitsraum des Architekten Mustafa Al-Hiswani gelandet. Mit Trauben, die ich höflich und mit Begründung (Diarrhö ist ein international verständliches Wort) zurückweisen muss, und mit starkem türkischen Kaffee werde ich willkommen geheißen. Ja, das Restaurant sei in der Nähe und ich würde dahin begleitet, versichert man mir.

Die seit Jahrhunderten gepflegten natürlichen Regularien einer selbstverständlichen Gastfreundschaft nehmen ihren Lauf. Der Architekt hat übrigens 1972 in Dresden studiert, aber wir unterhalten uns in Englisch, und das beherrscht er besser als ich. Ein religionsphilosophisches Gespräch fordert meine ganze Konzentration. Ich werde gefragt, ob Allah mit unserem Gottvater identisch sei, ob ich wisse, dass Jesus einer ihrer Propheten sei?

Die Untugenden eines Business-Europäers habe ich wohl im Laufe des Gesprächs nicht ganz verbergen können. Mein unruhiges Hin- und Herrutschen im Sessel ist der Anlass zum Aufbruch. Gegen 22 Uhr folge ich der großen amerikanischen Limousine und gelange bald zu einem Waldrestaurant mit lampionbeleuchtetem Garten. Schnell ist geklärt, dass ich in einem Raum, der zwar eine Nasszelle, aber noch keine Möbel hat, schlafen kann. Der "Schlaf des Gerechten" muss aber noch warten. Die orientalische Gastfreundschaft wäre mangelhaft ohne gemeinsames Mahl. Dafür ist es auch abends um 23 Uhr nicht zu spät. Also werden die Gattin und die Tochter meines Gastgebers per Telefon herbeigebeten. Inzwischen wird die erste Getränkebestellung serviert. Ich komme aus dem Staunen nicht heraus: Es gibt Flaschenbier! Und das mundet vorzüglich. Verdorbene Därme hin oder her; es bleibt nicht bei einer Flasche. – Dann kommen Gattin mit Tochter im Taxi angefahren. Der jüngste Sohn hatte uns schon auf der Hinfahrt begleitet. Und dann werden Spieße, Salate, Oliven, Käse, Brot und halt alles, was zu einem opulenten Mahl gehört, aufgetischt. Leider, leider kann und darf ich alles nur probieren. Das kalt genossene Bier zeigt schon seine rumorende Wirkung.

Als ich während der Unterhaltung so beiläufig Fotos meiner Enkelinnen zeige, wird bei Freund Mustafa ein besonderer Familiensinn wach. Halb im Spaß, halb ernst: Könnte Opa nicht seine hübsche ältere Enkelin Vera mit seinem jüngsten Sohn verkuppeln? Der Altersunterschied betrage ja nur sieben Jahre, fragt Freund Mustafa. – Alle lachen – inch' Allah – so Gott will und auf dieses "Geschäft" wird angestoßen.

Erst gegen 1 Uhr liege ich in meinem Schlafsack. Der undankbare Pilgersmann hat keine Zeit mehr für DEN DA OBEN. Er fällt in einen bleiernen Schlaf.

Um 9 Uhr in der Frühe stehe ich im Sonntagsdress am Telefon und melde mich, wie in der Nacht versprochen, zum Abholen bereit. Frühstückfassen und Stadtrundfahrt stehen auf Mustafas Programm. Fürsorglich ist seine Gattin bemüht, mir nur das vorzusetzen, was mein Magen vertragen kann. Ein Ei, etwas Bananensaft, Brot und Tee ohne Zucker können nicht schaden. Und dann werden mir die christliche Kirche – der Anteil orthodoxer Christen in Yabroud ist beachtlich – und die prähistorischen Felsenreliefs. So etwas findet man in keinem Reiseführer. – Der Abschied ist herzlich. Die Familie Al-Hiswani bleibt mir nicht nur auf dem Foto in bester Erinnerung.

23. August:
Gegen 12 Uhr starte ich in Richtung Maaloula. Auf der stetig ansteigenden schmalen Straße gibt es kaum Verkehr. Auf den ersten Kilometern sehe ich noch Obstplantagen mit kleinen, spärlich Früchte tragenden Bäumen. Ich geniere mich richtig, von der geringen Ernte noch ein Paar Äpfel zu stehlen.

Und dann bin ich wieder in der glutflimmernden Steinwüste. Zuerst genieße ich die absolute Stille. Ich bin weit und breit das einzige Lebewesen. Die Einöde des Antilibanon saugt mich förmlich auf. Hier erzieht die Wüste zur Demut: Das einzige Fahrzeug, das mir begegnet, rast nicht. Es wird auch offensichtlich kein Müll weggeworfen. Hier wird jeder menschliche Rest, ja der Fußabdruck, zur Peinlichkeit. Spätestens in der Nacht bläst der Wind die Spuren der Menschen wieder fort.

Doch die Dörfer in der Wüste beweisen, dass der Mensch auch hier sich behaupten kann. Ein solches Dorf ist Maaloula, das, wie schon gesagt, malerisch am Fuße und an den steilen Hängen der Felsen liegt.

Nach einer mühsamen Fahrt stehe ich hoch über dem Ort am Sergiuskloster. Für die 15 Kilometer habe ich zwei Stunden gebraucht. Die kurze durchzechte Nacht war noch das Tüpfelchen auf dem "Ich kann nicht mehr!" Man rät mir, nicht das benachbarte teure Safir-Hotel anzufahren, sondern zuerst einmal bei den Nonnen im Thekla-Kloster um Herberge nachzufragen. Und dann fahre ich auf einer gefährlich steilen Straße hinunter ins Dorf. Direkt an einer Felswand liegt der große Klosterkomplex. Das Pilgerglück ist mir wieder hold. Ich bekomme für zwei Tage ein Zimmer das eingebaut ist in eine Felsennische. Die Wand am Fußende des Bettes, etwa 4 Meter breit, ist nackter Fels, der sich über das ganze Zimmer wölbt und sich mit der Mauer am Kopfende des Bettes in etwa 4 Meter Höhe trifft. Kein Fenster gibt den Blick nach draußen frei. Durch ein Türfenster fällt vom Flur etwas Licht in den Raum. Toilette und Waschraum sind gleich nebenan. Der Preis des Zimmers soll, wie die junge, zierliche, aber resolute

Maaloula (Syrien)

Nonne, die mir das Zimmer (treffender bezeichnet: die Klause) zuwies, sagte, im Ermessen des einzelnen Gastes stehen.

Ich will natürlich wissen und prüfen, ob im Dorf noch Aramäisch gesprochen wird. Zwei Sätze dieses Dialektes, den Jesus gesprochen hat, sind uns im Neuen Testament überliefert: "Eli, eli, lama asapthani", Gott, mein Gott, warum hast du mich verlassen? (Mt 27,46) und "Thalita kumi", Mädchen, ich sage Dir, stehe auf! (Mk 5,41). Der erste Versuch bei Jugendlichen ist ein Fehlschlag. Sie sprechen offensichtlich nur die Schriftsprache Arabisch. Beim zweiten Versuch habe ich Glück. Der Kioskbesitzer am Kloster – er scheint schon häufiger getestet worden zu sein – zieht seine Bibel unter der Ladentheke hervor, schlägt die entsprechenden Stellen auf, ohne dass ich einen Fundhinweis gegeben habe, und liest aus der aramäisch geschriebenen Bibel vor. Die beiden Sätze kann ich klar heraushören, leicht in den Vokalen verändert, was nach 2000 Jahren in einer lebenden Sprache üblich ist. Heute lautet der erste Bibelvers (Mt 27,46): Ili, ili, limashabàktini. Mk 5,41 ist im Wortlaut gleich geblieben.

24. August:
Bereits um 7.30 Uhr verlasse ich das Kloster und steige durch die Theklaschlucht hinauf zum Sergiuskloster. Um 8.00 Uhr soll dort eine deutsche oder österreichische Gruppe die heilige Messe feiern.

Mit der Felsenschlucht, verbindet man eine fromme Legende: Die junge Christin Thekla soll auf der Flucht vor ihrem heidnischen Verlobten durch diese schmale Schlucht entkommen sein. Die Felswand soll sich vor

Theklaschlucht hinauf zum Sergiuskloster

ihr geöffnet haben, als sie am Felsmassiv nicht weiter wusste. – Wir kennen alle eine ähnliche Begebenheit aus dem Alten Testament in Exodus 14,21: "Nun streckte Moses seine Hand über das Meer aus ... so wurden die Wasser gespalten und die Israeliten konnten auf trockenem Boden mitten durch das Meer gehen." – Gottesdienst mit einer guten Pilgerpredigt in einer mehr als 1500 Jahren alten Kirche, wobei sich die kleine Gemeinde von 15 Pilgern um den Altar schart, ist schon ein spirituelles Erlebnis. Ein junger Mönch spricht das Vaterunser in Aramäisch.

Am späten Vormittag besuche ich etwas oberhalb der Klostergebäude den St.-Thekla-Schrein. Plötzlich höre ich aus der großen Klosterkirche ein lautes, vielstimmiges Beten und Singen. Das allein ist es aber nicht, was mich aufhorchen lässt. Zwischen dem monotonen Beten erklingt in gewissen Abständen sekundenlang ein schrilles, hohes Trillern. Es sind offensichtlich die zungenklirrenden Zwischenrufe von Frauen, wie wir es von Fernsehsendungen her kennen, wenn arabische Frauen protestieren. Was mag der Grund hierfür sein? Das will ich mir nicht entgehen lassen. Also steige ich die Treppen im Sauseschritt hinunter und hinein in die Kirche.

Eine Gruppe von etwa 50 gut gekleideten Männern und Frauen steht um ein großes Taufbecken herum. Ein älterer Lektor und ein orthodoxer Pope – das lange, weiße Haupthaar zu einem Schweif gebündelt – bereiten mit Wechselgebeten und Gesängen die Taufe eines etwa dreijährigen Buben vor. Plötzlich legen die Frauen eine hohle Hand vor ihren Mund und lassen durch schnelles Bewegen der Zungenspitze an die Oberlippe und das

Durchpressen hoher Töne das eigenartige Trillern erklingen. Hier wird aber nicht protestiert, hier freut man sich und heißt wohl auf diese Weise das neue Mitglied in der Gemeinde willkommen.

Dem Täufling droht aber Ungemach. Auf dem Arm seines Vaters oder Paten gehalten, verfolgt er kritisch die Zeremonie. Ein großer Kübel mit Wasser wird hereingeschlept und in das riesige Taufbecken gegossen und dann noch ein Kübel, und ein dritter, und ich muss an Goethes Gedicht vom Zauberlehrling denken: "Walle, walle manche Strecke, dass zum Zwecke Wasser fließe ..."

Dann ist man nach etwa einer halben Stunde, in der die Frauen in immer kürzeren Abständen und nicht mehr wie anfangs verhalten, sondern auf ihre Weise jetzt kreischend sich zu "Wort" melden, soweit, dass die Taufe beginnt. Dem Buben werden gar nicht sachte die Kleider entfernt und nun mischt sich auch noch das protestierende Schreien des Kleinen in den allgemeinen Lärm.

Der Höhepunkt der heiligen Handlung, die mehr spektakelhafte Züge trägt als fromme Andacht, kommt, als der splitternackte Täufling in das kalte Wasser getaucht wird, wie wir es von der Taufe in verschiedenen Sekten kennen. Schließlich muss der arme Kleine auch mal kurz mit dem Kopf unter Wasser. Die Frauen trillern in den höchsten und schrillsten Tönen. Die Taufe endet mit händeschüttelnden Glückwunschgesten, mit Umarmungen und Friedensküssen.

Zu den Tagen in Maaloula kann man mit Recht sagen: Beim Pilgern ist schon der Weg das Ziel.

Den Abend genieße ich auf der großen Freiterrasse des Klosters. Mein Blick schweift über die an der Felswand geradezu aufgetürmten Lehmhäuser. Am Nachmittag war ich durch die engen Gassen hochgeklettert und hatte mich gefragt, was unsere Bauaufsicht zu dieser gewagten Architektur und Statik wohl sagen würde. Ich nehme mir bis zur Dunkelheit Zeit für eine pilgergemäße Andacht, weil ich einiges an Dankeschön nach "droben" nachzuholen habe.

17. Am See Genezareth und Ein Blick zurück auf die Etappe Maaloula – Tiberias

28. August:
Seit meinen letzten Eintragungen im Tagebuch – in Maaloula habe ich mir eine neue Schreibkladde gekauft – sind einige Tage vergangen.

Ich komme gerade aus dem warmen, sehr weichen Wasser des Sees Genezareth, auch See Tiberias oder See Galiläa genannt. Und nun sitze ich in der Cafeteria eines schönen Campingplatzes unterhalb von Tiberias unmittelbar am See. Ich habe im Shop einen großen Rodonkuchen gekauft, mir in der Bar des Restaurants einen Kaffee bestellt und kann, während ich das genieße, die letzten Tage noch einmal Revue passieren lassen.

Israel, das Gelobte Land, wie es die Bibel nennt, habe ich gestern erreicht. Vom nördlichsten Grenzübergang aus bin ich nicht in Richtung Jerusalem gefahren, sondern vom Jordan River Crossing aus den Jordan aufwärts zum Westufer des Sees Genezareth. Der Campingplatz unterhalb von Tiberias ist unmittelbar am Seeufer gelegen. Ich habe sofort Freundschaft mit dem wohl gleichaltrigen Platzwart geschlossen. Bevor er mir erlaubte, meinen Zeltplatz frei zu wählen, und mir versicherte, ich könne unentgeltlich bleiben, solange ich wolle, hatte er mich gehörig ausgefragt. Das "Verhör" endete mit dem mir mittlerweile geläufigen Kommentar: Einem "strong man" muss geholfen werden! Nun war ich bei aller einem Pilger geziemenden Bescheidenheit versucht zu glauben, dass die Bezeichnung vom äußeren Erscheinungsbild her zutreffend sei. Wenn der gute Mann gewusst hätte, wie miserabel es mir nach wie vor im Bauch war, hätte er allerdings Mitleid mit mir haben müssen.

Also, wie schon gesagt: Gestern, am 27. August, an einem Sonntag, habe ich das so genannte Heilige Land über die nördliche Jordanbrücke (Jordan River Crossing) betreten. – Dieses Erlebnis hatte ich mir schon lange vorher als einen innerlich feierlichen Augenblick vorgestellt; auf den ich mich richtig gefreut hatte. – Es kam ganz anders!

Aber bevor ich darüber berichte, muss ich noch einige Worte über die Etappe Maaloula – Jordan River Crossing nachtragen: Der Weg von Maaloula wurde zu einem kleinen Kreuzweg. Morgens ging es zunächst mit Rückenwind zügig Richtung Damaskus voran. In Höhe der Einmündung der Nebenstraße, die ich von Maaloula kommend fuhr, in die Hauptverkehrsstraße Aleppo – Damaskus überquerte ich zugleich den Pass, der zum Antilibanon führt. Eine weite Ebene breitete sich vor mir aus. Orangen- und Aprikosenplantagen belebten das Bild. Die Wüste hat sich in einen grünen Garten verwandelt. Schon seit Jahrtausenden sind durch diese Ebene ganze Heerscharen gezogen. Zu nennen wäre König Sargon von Akkad, dessen Siegeszug am Ende des 3. Jahrtausends v. Chr. am Euphrat begann. Mitte des 20. Jahrhunderts v. Chr. zog Abraham auf dieser Straße von Haran in Mesopotamien kommend nach Kanaan. Pharaonen kamen aus dem Süden, Moses führte die Israeliten um 1250 v. Chr. vom Sinai herauf, und die Israeliten zogen auf dieser geschichtsträchtigen Straße in die babylonische Gefangenschaft. Diese Wüstenstraße ist, wie P. Bamm sagt, "ein Highway of History" (a. a. O., S. 236).

Ich erreichte "Jannat ad Ard", das Paradies auf Erden, wie sich Damaskus auch nennt, gegen Mittag. Diese Oasenstadt soll 6000 Jahre alt sein. Eine riesige Stadt inmitten der Steppenwüste. Der Fluss Barada ist die Lebensader. Sein Wasser, von Schöpfrädern über mühsam in die Felsen gehauene Wale und Rohre verteilt, erlaubt eine umfangreiche Bewässerung.

Am Barada entlang zogen 1148 n. Chr. die Ritter des 2. Kreuzzuges zum Angriff auf Damaskus.

Vom Reichtum angelockt und weniger aus militärisch-strategischen Gründen – Damaskus war zu dieser Zeit der einzige moslemische Verbündete – wollten sie die Stadt erobern. Jenseits jeder Vernunft und jedes gesunden Menschenverstandes ging der 2. Kreuzzug unter Konrad III. von Deutschland und Ludwig VII. von Frankreich seinem Fiasko entgegen. Das Unheil trat ein, als die Heere die schützenden Olivenhaine verließen, die Stadt umgingen und in einer baumlosen Zone im Osten der Stadt lagerten. Ohne Wasser mussten sie nach wenigen Tagen ihr Lager aufgeben und sich in "bejammernswerter Verwirrung und Unordnung", wie ein Chronist schreibt, verlustreich davonschleichen. An den Tod des Sohnes von Graf Adolf II. von Berg sei hier erinnert.

Der Nimbus der Unbesiegbarkeit der abendländischen Ritter war vor Damaskus endgültig verflogen. Mit diesem kurzen Hinweis auf eine wichtige Spur des 2. Kreuzzuges greife ich den Geschehnissen des 1. Kreuzzuges allerdings vor.

Kehren wir in die Gegenwart zurück: Durch einen gähnend leeren Suq, der an einem Freitag, dem Feiertag der Moslems, natürlich seine Verkaufsbuden geschlossen hatte, erreichte ich die Omaijadenmoschee. Zwischen dem Basar und der Moschee steigen drei mächtige korinthische Säulen in die Höhe. Sie sind der Rest des Tempels des Jupiter Damascenus. P. Bamm weist in seinen Erläuterungen zu Damaskus darauf hin, dass zur Zeit des Kaisers Augustus im Jahre 4 v. Chr. ein hoher römischer Beamter, der Legat der Provinz Syria, diesem Jupiter Damascenus ein Opfer dargebracht hat, bevor er aus dem warmen Süden aufbrach, um einen neuen Posten im kalten Norden zu übernehmen. Der Legat war Publius Quintilius Varus, der im Jahre 7 n. Chr. in der Schlacht im Teutoburger Wald mit seinen Legionen der Partisanentaktik unserer Vorfahren zum Opfer fiel und sich nach der verlorenen Schlacht in sein eigenes Schwert stürzte.

Der Jupitertempel wurde von Kaiser Theodosios zerstört und an seiner Stelle wurde eine christliche Kirche erbaut, die wiederum den arabischen Eroberern nach 700 n. Chr. zum Opfer fiel. Zuvor war sie 70 Jahre lang von Christen und Moslems gemeinsam genutzt worden. Gemeinsam schritt man durch dasselbe Portal. Die Moslems beteten im Ostteil zu Allah, die Christen im Westteil zum dreifaltigen Gott. An der Stelle der christlichen Kirche wurde unter dem Kalifen Walid I. die Omaijadenmoschee erbaut.

Sie ist ein Meisterwerk früher arabischer Architektur. Der Innenhof, den ich von dem nördlichen Eingangstor her mit einem teuren Eintrittsbillett betrat, ist 140 m lang und 40 m breit. Er ist mit Marmor ausgelegt und hat an drei Seiten eine Säulengalerie. Ein steinerner Brunnen steht in der Nordhälfte und ein Schatzhaus, das auf zwölf aus dem alten Jupitertempel stammenden Säulen ruht, steht in der Südhälfte des Platzes. In den Galerien sind nur noch einige alte arabische Mosaiken erhalten geblieben. Dargestellt werden Landschaften und auf Hügel gebaute Städte. Die Farben Grün, Blau und Gold dominieren.

Von den drei Minaretts, die vom Hof der Moschee aus zu sehen sind, heißt eines: "Madinet Isa", das Minarett Jesu. Die Spitze dieses Minaretts ist nach dem Glauben der Moslems die Stelle, an der der Prophet Jesus am Beginn des Jüngsten Gerichts die Erde wieder betreten wird (nach P. Bamm a. a. O. S., 247).

Am Eingang der Moschee – ein langgestreckter, hoher, rechteckiger Mittelbau mit kleineren, rechteckigen Flügeln – habe ich meine Schuhe ausgezogen, und wieder wie in den Moscheen in Istanbul ein eigentümliches ungewohntes Gefühl verspürt, als ich über die Teppiche den lichtdurchfluteten stillen Raum betrat. Die umhergehenden Touristen – ich zählte selbst dazu – waren ein störender Faktor. Da es Freitag war, war die Moschee von betenden Moslems gut besucht.

Durch den Raum ziehen sich zwei Reihen korinthischer Säulen, die durch Bögen miteinander verbunden sind. Einige bunte Fenster sollen aus dem 12. Jahrhundert stammen. Die Zahl der den Boden vollständig bedeckenden Teppiche wird mit dreitausend angegeben. In der Mitte der Moschee steht eine rechteckige, mit einer Kuppel versehene Kapelle. In ihr ruht nach der Überlieferung in einem Marmorsarkophag das Haupt Johannes des Täufers.

Schatzhaus der Omaijadenmoschee

Der Gesamteindruck des Raumes ist überwältigend. Die Harmonie des Ganzen übertrifft nach meiner Meinung die Pendants in Istanbul.

Mein nächstes Ziel war, nachdem ich noch das Mausoleum König Saladins mit dem von Kaiser Wilhelm II. gestifteten Marmorsarkophag besucht hatte, das Haus des Ananias im ehemaligen Judenviertel. Der Weg führt durch die Altstadt zur "Geraden", zu der Bab Shardi. Diese "Gerade Gasse" zieht sich von Westen nach Osten durch die ganze Stadt. In diese Gasse sollte auf Geheiß des HERRN Ananias gehen und Paulus, dem bekehrten Saulus, im Hause des Judas die Hände auflegen und ihn von seiner Blindheit befreien (Apg 9,11). Das Haus des Ananias liegt mehrere Meter tief in der Erde und hat eher das Aussehen einer Krypta, zumal aus dem Raum eine Kapelle gemacht worden ist. Die Mauern dieses Kellerraumes sollen tatsächlich aus dem 1. Jahrhundert n. Chr. stammen.

Nicht weit von der Ananiaskapelle entfernt liegt die Kirche Al-Qadis Bulos, die Kirche des heiligen Paulus. Man muss, um sie zu erreichen, durch das berühmte Osttor, das Bab Sharqi, die Altstadt verlassen. Das Tor, an dem die Gerade Gasse, die Bab Shardi Street, endet, steht noch an der gleichen Stelle wie zur Römerzeit. Auch sind noch Teile der römischen Stadtmauer erhalten. Unzählige Karawanen, siegreiche und geschlagene Heere, Sklavenscharen, Kaufleute aus aller Herren Ländern, Gelehrte und Handwerker und Touristen der Vergangenheit und der Neuzeit haben diese Steine gesehen. Mit Recht sagt P. Bamm: "Ich glaube, dass niemand, der eines Menschen Angesicht trägt, das Osttor von Damaskus zu durchschreiten vermag, ohne im Herzen bewegt zu sein."(a. a. O., S. 249).

Wir wissen aus der Bibel, dass Paulus dieses Osttor nicht durchschritten hat, als er die junge Christengemeinde von Damaskus verlassen musste, sondern bei Nacht in einem Korb über die Mauer herabgelassen wurde.

An dieser Stelle, so wird überliefert, steht nun eine schmucke Kirche aus der Neuzeit. Sie ist in ein ehemaliges Stadttor aus dem späten Mittelalter integriert. Da der Stadttorcharakter als Fassade der Kirche – daher auch Bab Kisan genannt – erhalten ist, bin ich zunächst vorbeigefahren. Als ich mich getraute, das große, gläserne "Stadttor" zu öffnen, lud mich das Innere der Kirche zum stillen Verweilen und Beten ein. – Es gibt Orte, wo man einfach andächtig sein muss! Und man ist fest davon überzeugt, dass man hier Gott sehr nahe ist. Das sind die Spuren Gottes auf einer Pilgerfahrt.

Es war vielleicht ein Fehler, keine weiteren Sehenswürdigkeiten in Damaskus anzufahren. Allzu gern hätte ich noch das Luxushotel des Mittelalters, die große Karawanserei inmitten der Stadt besucht, aber man muss auf solch einer langen Fahrt eine gewisse Auswahl treffen. Ich bestieg also wieder meinen Drahtesel und fuhr nach einem guten Imbiss an einem offenen Grillstand gen Süden. Die gleißende Sonne erinnerte mich wieder an das furchtbare Ende des "unsagbar törichten" (so Runceman, a. a. O.) Angriffs der 2. Kreuzzugsarmee unter Konrad III. und Ludwig VII. Ende Juli 1148 n. Chr.

Der "Perle des Morgenlandes", wie Damaskus auch genannt wird, habe ich Lebewohl gesagt. Mein nächstes Ziel sollte Daraa im Süden Syriens nahe der jordanischen Grenze sein. Da es von Syrien nach Israel keine offene Grenze gibt – die Länder befinden sich offiziell noch im Kriegszustand – musste ich den Umweg über Jordanien machen, um den See Genezareth zu erreichen. Also fahre ich weiter nach Süden, statt den kürzeren Weg über die Golan-Höhen zu nehmen.

Im Süden von Damaskus beginnt bald wieder die Wüste und hier, etwas vom Wege ab, landete ich in einem Beduinendorf, bei den orientalischen "Nichtsesshaften". Das sind sie auch heute noch.

Die Beduinenfamilien scheinen kinderreich zu sein. Wie auf ein geheimes Signal hin umringten mich innerhalb von wenigen Sekunden wohl 30 Kinder. Da mein Kleingeld ausgegangen war, zog ich mich diskret zurück. Im Nachhinein schäme ich mich, denn keines der Kinder bettelte und insofern war meine Flucht unbegründet.

Am Abend dieses 25. August war wieder einmal "wildes" Zelten angesagt. Ich war etwa 60 km vor Daraa, die einzige Stadt weit und breit, als ich in eine Gegend kam, in der der Mensch mit viel Schweiß der Wüste Land abgerungen und aus Sand und Geröllboden durch künstliche Bewässerung aus tiefen Brunnen kargen Humusboden gewonnen hatte. An einem großen Tomatenfeld, das durch eine Doppelreihe von kräftigen Maispflanzen vor Sandstürmen sinnvoll geschützt wurde und etwas abseits des "Highway" lag, machte ich Halt und schlug mein Zelt auf. Jetzt schützten die Maispflanzen auch mich vor dem permanent steifen Wind und sie spendeten zusammen mit den Tomaten mein "Abendbrot".

Gegen 21 Uhr, es war schon stockfinster, begannen die Bauern auf dem Feld noch einmal Hand anzulegen. Mir waren bei meinem Furagezug durch das Feld die vielen Kisten mit faulenden Tomaten aufgefallen. Jetzt wurden sie aufgeladen und – ich schätzte – wild entsorgt. Und danach war ich wieder allein am Rande der Wüste, aber geborgen unter dem breiten Maisblätterdach. Meinen Zelteinstieg hatte ich offen gelassen. Die in 200 m Entfernung vorbeirauschenden Lastwagen begleiteten mich in den Schlaf. Man hätte mich samt Zelt und Fahrrad forttragen können, ohne dass ich aufgewacht wäre.

Der nächste Morgen begann routinemäßig: Zähneputzen mit dem Rest des Trinkwassers, Recken und Strecken der Glieder, kurze Lesung aus dem Neuen Testament und den Psalmen, Lüften des Schlafsackes und Fahrradpacken. Nach kurzem Blick auf die Karte und in meine Aufzeichnungen wegen eventueller Sehenswürdigkeiten bestieg ich mein Fahrrad und ab ging die Post. Das nächste Ziel war eine Tankstelle oder eine Imbissbar oder ein Restaurant. An diesem Morgen brauchte ich nicht lange zu radeln. Kulturbeutel und kleines Handtuch griff ich zielsicher am gewohnten Platz. Die Toilettenanlage glich mehr einer Kloake. Auch damit muss ein Pilger fertig werden! Und dann prallten die Gegensätze – wie so oft im Orient – aufeinander: In 30 m Entfernung stand ein nobles, großes Restaurant im Zuckerbäckerstil mit breiter Eingangstreppe und Außenfassade in Marmor. Der Rasen war gepflegt, die Blumen standen in voller Blüte. Ich war zwar frisch rasiert und ordentlich gekämmt, aber von den Kellnern wurde ich wohl wegen meiner Radlershorts argwöhnisch und mit Missfallen beäugt. Da hilft im Orient nur eines: Selbstbewusst und forsch auftreten, mit Kommandoton Bestellung aufgeben und sobald man merkt, dass man geduldet wird, den Ton wechseln und beim ersten Servieren lächeln und sich freundlich bedanken. Ich muss gestehen, dass mir diese Art der Kommunikation schwer fällt. Daher mied ich auch nach Möglichkeit die piekfeinen Restaurants. Aber an diesem Morgen hatte ich Hunger und Durst. Sandwich und Kaffee mundeten vorzüglich und der Preis verschlug mir den Atem.

Ich komme kurz in die Gegenwart des heutigen Tages zurück: Mir ist während des Schreibens aufgefallen, dass plötzlich starker Wind aufkommt. Ich schaue auf den 40 m entfernten See und traue meine Augen nicht: Das Wasser ist aufgewühlt, Schaumkronen glitzern in der untergehenden Sonne und die ersten Wellen brechen sich am Ufer. Ein kleines Fischerboot mit ungeordneter Ladung könnte bei diesem Wellengang kentern. – So ähnlich muss es wohl gewesen sein, als die Jünger von einem Sturm auf diesem See Genezareth überrascht wurden und den seelenruhig schlafenden Jesus weckten (Mt 8,26: "Herr, hilf uns, denn wir gehen unter!").

Sind wir, so geht es mir durch den Sinn, nicht auch oft kleingläubig und furchtsam, wie die Jünger?

Ich übernachtete am 26. August – dort war ich bei meinen Aufzeichnungen stehen geblieben – in einem guten Hotel in Irbid. Das ist in Jordanien. An der Grenze bekam ich ohne Probleme ein Transitvisum, wobei der Grenzer mir allerdings zwei Dinare zuviel abverlangte. Auf der an der Wand hängenden Tabelle stand, wie mir vorher auf Befragen ein Libanese versicherte, ein geringerer Preis. – Das sind eben levantinische Gepflogenheiten. – Auch mein syrisches Restgeld wurde zu einem sehr schlechten Kurs umgetauscht. Den armen Staatsbeamten sei's vergönnt!

Auf einer schmalen, gut asphaltierten Straße fuhr ich die letzten 10 km durch die Ausläufer des südlich gelegenen Jebel Ajlun. Es ist schon ein beruhigendes und beglückendes Gefühl, wenn man von den teils bewaldeten, teils beackerten, teils karstigen jordanischen Höhen in der Ferne die Senke zum Jordantal und die jenseitigen Höhen Galiläas wahrnimmt.

Es war am frühen Nachmittag, als ich an die jordanisch-israelische Grenze kam. Das Prozedere ist mir mittlerweile geläufig. Und alles schien reibungslos zu verlaufen. Die verschiedenen Pass- und Zollkontrollen hatte ich mit den teuren Gebührenmarken hinter mir. Ich bestieg das Rad und strampelte mit dem Lied "Nun danket alle Gott" auf den Lippen der Jordanbrücke entgegen, als ich von den letzten Kontrollbeamten in Uniform und mit geschulterter MP angehalten wurde. Sie forderten mich auf zurückzufahren. Die Israelis würden mich so nicht in ihr Land lassen. Ich müsse samt Fahrrad und Gepäck in einen Pendelbus, der Einzelreisende hinüber transportiere. Ich ahnte Schlimmes: Man wollte mich erneut zur Ader lassen! Protest war zwecklos. Kreuzritterartige Streit- und Rauflust kam in mir auf. Aber Waffengleichheit war nicht gegeben. Also zurück! Für den Transfer im Bus durfte ich dann umgerechnet 45 DM zahlen. Das Fahrrad wurde wie ein Motorrad taxiert. Es waren – Gott sei Dank – hilfreiche Hände da, die mein Fahrrad und das abgeschnallte Gepäck in den alten, engen Bus hievten.

Als an der Brücke der Wortführer der beiden letzten Kontrollposten in den Bus zur Passkontrolle kam und mir meinen Pass sofort ohne Prüfung grinsend zurückgab – er hatte ihn ja wenige Minuten vorher sorgfältig angeschaut –, musste ich meinem Ärger Luft machen. Ich klopfte ihm freundlich lächelnd auf die Schulter und nannte ihn einen "Straßenräuber im Staatsdienst". Zwei Studenten aus Düsseldorf, mit denen ich mich vorher unterhalten hatte, duckten sich ängstlich. Andere Passagiere, die wohl die deutsche Sprache beherrschten, lachten verhalten. Der Kontrollposten hatte mich – Gott sei Dank – nicht verstanden.

So fuhr ich also gar nicht mit stolz geschwellter Brust hoch zu Ross über den Jordan. Eingezwängt zwischen Fahrrad und besetzter Sitzbank, rollte ich in mieser Stimmung meinem letzten Etappenziel entgegen.

Die Stimmung wurde nicht besser, als die Israelis mein ganzes Gepäck und das Fahrrad auseinander nahmen. Das Vorderrad musste ich ausschrauben. Das ging ja noch. Dann sollte ich auch das Hinterrad abmontieren. Alles müsse in einem Tunnel durchleuchtet werden, sagte man mir. "Das machen Sie mal selbst", entgegnete ich, verschränkte meine Arme und setzte mich auf den Rand eines Blumenkübels. Sollte ich mir noch zum Schluss meine Hände an der ölverschmierten Kette und der Gangschaltung schmutzig machen? Bislang hatte ich dazu keinen Grund gehabt! Mein Pilgerglück oder einer der vierzehn Nothelfer oder die Qualität des Schauff-Rades hatten mich vor einem Plattfuß, einem Speichenbruch oder einem Kettenriss bewahrt. Sollten die Herren jetzt sehen, wie sie mit ihren Vorschriften zurechtkommen konnten.

Schließlich gelang es dem Kontrolleur, mein Fahrrad mit Hinterrad in die Röhre zu bugsieren. "Na bitte!", sagte ich, klemmte mein Vorderrad ein, lud die durchleuchteten Gepäckstücke auf und dann ... kam die große "Aushorchfragerunde". Ich musste den Grund meiner Reise, das Ziel, eventuelle Bekannte in Syrien und Jordanien benennen. Ich war für die verhörführenden, aber freundlichen jungen Beamtinnen wohl der erste Pilger. Das Wort "pilgrimage" war ihnen nicht geläufig. Es war vielleicht etwas unhöflich von mir, als ich dann Pilgerschaft mit arabisch "hadsch" bzw. "hadschi" und dem Herzenswunsch jedes Arabers nach Mekka zu pilgern, umschrieb.

Ich glaube, zum Schluss waren alle froh, als ich als letzter Einreisender die Halle verließ. – Man wünschte mir gute Weiterfahrt.

Nach wochenlanger Fahrt durch Wüste und karge Kulturlandschaften lebt man förmlich auf, wenn man die wohlbestellten Felder, die saftig grünen, gepflegten Wiesen und die blumengeschmückten Häuser und Vorgärten im Jordantal sieht. Alles, was noch nach Wüste aussieht und daran erinnert, wie z. B. die kahlen Hänge der Golanhöhen oder die gegenüberliegenden Bergrücken Galiläas wirken feindlich.

Bis Bet Sheán fuhr ich in westlicher Richtung und bog dann nach Norden ab in Richtung See Genezareth. Dieser See und die an seinem Ufer liegende Stadt Tiberias sind das "Herz" von Galiläa. Es ist die Gegend, in der Jesus einen großen Teil seines Lebens verbrachte.

Bis zum Südufer des Sees zieht sich die gut asphaltierte Landstraße eintönig hin. Die Dörfer liegen abseits der Verkehrsader und mein ständiger, mir nicht wohlgesonnener Begleiter, der Gegenwind, meldete sich zurück. Er scheint keine Landesgrenzen beachten zu müssen. Der Kampf gegen ihn kostet Nerven und Kraft – und macht hungrig. Hinter Bet Sheán hatte ich meine letzten beiden Äpfel gegessen.

Wie gerufen, lag am rechten Fahrbahnrand eine kleine Imbissbude. Etwas abseits stand ein uralter Pkw, und ein älterer Herr hantierte am Motor. Als er mich sah, ließ er sein Werkzeug fallen, grüßte etwas mürrisch und betrat den wohnwagenähnlichen Imbissstand. Er ließ etwas kaltes Wasser über seine ölverschmierten Hände laufen und wandte sich mir zu. Ich war drauf und dran, Reißaus zu nehmen. Aber der Hunger ließ mich blind werden. Sollte das Motoröl doch meine verkorksten Därme schmieren! Das dicke Brötchen mit gegrilltem Hacksteak und der doppelte starke Kaffee beruhigten meinen Magen – bis wir abrechneten: Er forderte 20 Schekel. Das war nach den Preisen in Syrien und Jordanien schon sehr teuer, und als der "Wirt" auf 50 Schekel nur 20 zurückgab, wurde ich sauer. Zunächst ließ ich das Wechselgeld auf der Theke liegen und sagte in Englisch: "30 back, please." Sofort konterte er: " Price, 30!" Er hatte also unter der Hand aufgeschlagen, als ich den großen Schein zückte. Man muss also auch hier in Israel mit levantinischem Schummeln rechnen! Der Disput wurde lauter und lauter. Inzwischen hatte sich ein zweiter Gast, der offensichtlich den Wirt kannte, hinzugesellt. Er nahm sofort Partei für seinen Freund, der sich, so meinte er, nur versprochen habe. Ich glaube, dass dieser Dritte mich davon abgehalten hat, mir in Kreuzrittermanier meine 10 Schekel zu holen! Es wäre natürlich eine große Dummheit gewesen.

Ich muss eine Erläuterung hinzufügen, die auch etwas mit der Beurteilung der Ausschreitungen der Kreuzritter zu tun hat: Auf einer so langen und strapaziösen

Tour ist man zwar in einer seelischen Hochstimmung. Man ist aber auch sehr dünnhäutig und verletzbar. So wird man z. B. nicht nur sparsam. Man wird von Tag zu Tag geiziger. Ja, man wird zum reinsten Pfennigfuchser, eine Charaktereigenschaft, die mir ansonsten fremd ist und über die ich im Nachhinein lache.

Offensichtlich kommen nach Wochen der Einsamkeit, nach vielen Nächten wilden Campens in uns schlummernde Überlebensmechanismen zum Durchbruch. Dann steuert der Instinkt, weniger der Intellekt unsere Handlung. Jedem Historiker oder Schriftsteller rate ich, dass er vor einer vernichtenden Kritik an den Geschehnissen der Kreuzzüge – um auf mein Begleitthema zurückzukommen – versucht, sich einmal in die Situation der betroffenen Personen zu versetzen. Ich glaube, dass keiner der vielen Kritikaster und Besserwisser je einen Teil des Kreuzweges gegangen ist, den die Kreuzfahrer durchlitten haben.

Die mondänen Kur- und Badeorte am Südzipfel des Sees Genezareth habe ich fluchtartig durchradelt. Wohl fühlte ich mich wieder, als ich gestern freundlich hier auf dem Zeltplatz aufgenommen wurde. Der ältere Herr am Eingangstor glaubte und vertraute mir. Ich brauchte nicht einmal meinen Reisepass zu zeigen.

Am gestrigen Abend habe ich hier auf der Steinbank vor einem großen runden Steintisch, an dem ich auch jetzt schreibe, nach Sonnenuntergang wohl zwei Stunden lang gesessen. In der Dunkelheit konnte ich am gegenüberliegenden Ufer die Lichterkette der israelischen und palästinensischen Dörfer und am Berghang die Einzellichter der umstrittenen Siedlungen erkennen. – Das ist also der Zankapfel Golanhöhen! Wer dort das

Sagen hat, der ist auch Herr über den See Genezareth! Das erkennt auch ein Zivilist ohne militärisch-strategische Grundkenntnisse. Und das Wasser des Sees ist der Garant für das Blühen und Gedeihen der lebenswichtigen Pflanzen des Jordantales und der Trinkwasserreservoirs. Es wird mit Hilfe einer gigantischen Pipeline (National Water Carrier) in viele israelische Städte gepumpt und versorgt sogar die Wüste Negev.

18. Auf den Spuren Jesu und der Apostel am See Genezareth

Ich komme in die Gegenwart des heutigen Tages, den 28. August, zurück.

Den wahren Juden erkennt man bei seinem Gebet. Als ich heute Morgen mein Zelt öffne, die Toilettentasche zur Hand nehme und mich auf den Weg zu den Nassräumen mache, klettert ein junger Mann aus seinem Igluzelt. In den Händen hält er einen breiten blütenweißen Schal mit langen Fransen an den Tuchenden. Auf dem Steintisch neben dem Zelt liegen bereits Lederriemen, eine kleine schwarze Doppelschachtel und ein Buch. Ich habe keine Zweifel: Ein Jude bereitet sich zum Morgengebet vor.

In diskreter Entfernung bleibe ich stehen, nah genug, um die Zeremonie verfolgen zu können. Der junge Mann schaut – von mir abgewandt – zum See. Er nimmt den Gebetsschal, den Tallit, und legt ihn in feierlicher Langsamkeit um Hinterkopf und Schultern, nachdem er ihn, wenn ich das richtig erkenne und deute, mit Mund und Stirn berührt hat. Unsere Priester machen es beim Anlegen der Messgewänder mit der Stola ebenso. Dann werden langsam und sorgfältig die Gebetsriemen mit den Schachteln, den Tefillin, in symbolischer Anordnung um Kopf und Arme befestigt, wobei die Tefillin auf der oberen Stirn Halt finden. Die beiden miteinander verbundenen Schachteln der Tefillin enthalten bekanntlich Abschriften aus der Heiligen Schrift, der Thora. Nach dieser trotz Campingatmosphäre feierlich wirkenden Vorbereitung greift der Jude zum Gebetbuch und beginnt seine Morgenandacht.

Am würdevollen Stil dieses Morgengebetes sollte ich christlicher Pilger mir ein Beispiel nehmen. Meist hocke ich oder liege bäuchlings im geöffneten Zelt, schlage meine kleine Bibel mit dem Psalmenanhang auf, und dann merke ich in der Regel, dass ich vergessen habe, meine Lesebrille aufzusetzen, und die muss ich auch noch suchen. Wenn ich mich endlich in den Text vertiefe und meine laienhafte Exegese beginne, kehrt erst die nötige Andacht ein, die beim Juden schon durch die vorbereitenden Regularien gewonnen wird.

So bin ich mal wieder auf die Spuren Gottes gestoßen. Treffender und im Hinblick auf den frühen Morgen und meine Schlaftrunkenheit ausgedrückt: ich stolperte geradezu darüber.

So gesehen ist der Weg meiner Pilgerfahrt – und sei es nur der Weg vom Zelt zu den Nassräumen eines Campingplatzes – wieder einmal das Ziel!

Heute möchte ich die Wirkungsstätten Jesu am Nordufer des Sees Genezareth aufsuchen. Ich fahre selbstverständlich auch dorthin mit meinem Fahrrad, obwohl gute Verbindungen mit öffentlichen Verkehrsmitteln bestehen. Aber mein Gepäck lasse ich im Zelt, Diebstahl halte ich einfach für ausgeschlossen. Mir ist auf meinen großen Pilgerfahrten noch nie etwas abhanden gekommen, obwohl die Diebe es bei meinem Leichtsinn so leicht hätten.

Mein erstes Ziel ist ein modernes Museum zwischen Tiberias und Tabgha. Was hat ein Museum mit der Wirkungsstätte Jesu zu tun? Nun, in diesem Museum sind Funde aus dem See Genezareth ausgestellt. Das Prunkstück sind die Reste eines Fischerbootes aus der Zeit Je-

Brot-und-Fisch-Mosaik in der Brotvermehrungskirche

su. Man hat sich mit der Konservierung und Restaurierung sehr viel Mühe gegeben. Wie oft mag Jesus in solch einem Boot mit seinen Jüngern auf den See hinausgefahren sein, sei es zum Fischfang, sei es, um vom Schiff aus dem Volk zu predigen.

Wenige Kilometer weiter liegt der kleine Ort Tabgha. Hier geschah eines der berühmtesten Wunder, von denen uns in der Bibel berichtet wird. Bevor Jesus auf dem gegenüberliegenden Berg die Bergpredigt hielt, speiste er mit nur einer Tagesration, die einer aus seiner Jüngerschar bei sich hatte, fünftausend Menschen. An dieses Wunder erinnert heute die Brotvermehrungskirche, die aus dem 5. Jahrhundert stammt. Im nördlichen und südlichen Querschiff finden wir die wohl schönsten Mosaiken des Heiligen Landes (vgl. Gorys, a. a. O., S. 233). Gleich vor dem Altarstein liegt das be- rühmte "Brot-und-Fisch-Mosaik". In den vorgenannten Querschiffen sind in späthellenistisch-römischem Stil Wasservögel in einer Sumpflandschaft dargestellt. Ein großes Erdbeben, das die alte Kirche völlig einstürzen ließ, bewahrte die Mosaiken vor dem Zugriff der Bilderstürmer. – Eine kritische Anmerkung zu dieser Brotvermehrungskirche: Der historische Ort des Wunders liegt am Ostufer! Dorthin war Jesus gefahren (Mk 6,32), um mit seinen Jüngern allein zu sein. Aber das Volk eilte ihm voraus, und als er am jenseitigen Ufer ankam, warteten schon 5000 Menschen auf ihn. Dort predigte er ihnen und speiste sie am Abend. Als es im 3. und 4. Jahrhundert für Pilger wegen der Straßenräuber immer gefährlicher wurde, das einsame Ostufer zu erreichen, verlegte man den Ort des Wunders der Brotvermehrung einfach an das Nordwestufer.

Hinter Tabgha, auf dem Weg nach Kafarnaum, will ich zum Ufer hinunter, um die Petruskapelle zu besuchen. Der Zugang wird mir und zwei weiteren deutschen Radfahrern verwehrt. Wir sind mit unseren Radlershorts nicht ordnungsgemäß gekleidet. Die lange Radlerhose habe ich dummerweise im Zelt gelassen. Also fahre ich weiter zum Ausgrabungsgebiet des neutestamentlichen Kafarnaum, der wichtigsten Wirkungsstätte Jesu. Der Ort ist umgeben von hohen, schattigen Eukalyptusbäumen. Mittelpunkt der Ausgrabungen ist die wohl schönste Synagoge Galiläas. Die Archäologen legten auch eine byzantinische Basilika über dem Haus des Petrus und ein Wohnviertel aus der Zeit Jesu frei. Hier an diesem Ort gab also Jesus mehr Zeichen seiner Göttlichkeit als anderswo. Hier predigte er häufiger als in anderen Städten. Von hier stammen Simon Petrus, Andreas, Jakobus und Johannes. – Nach einem kurzen Gespräch mit dem Pförtner darf ich übrigens trotz Missachtung der Kleiderordnung auf das Ausgrabungsfeld.

Auf dem Berg der Seligpreisungen oberhalb von Tabgha komme ich nach einem mühsamen Aufstieg in der prallen Mittagssonne 10 Minuten zu spät für einen Besuch an. In der Mittagspause ist das große Tor zu einem herrlichen Park geschlossen. In dessen Mitte steht die Kirche zur Erinnerung an die Bergpredigt Jesu und an das Vaterunser, das Jesus hier zum ersten Mal formuliert hat.

Es ist schon beeindruckend für einen Christen, wenn er, wie hier am Nordufer des Sees Genezareth, so viele Kontaktpunkte zu seinem Religionsstifter hat.

Ich fahre zurück nach Tiberias, eine Stadt, in der man als betuchter Tourist sicherlich erholsamen Kururlaub machen kann. Der europäische Charakter ist, wenn man einmal von den geschichtlichen Merkmalen absieht, dominierend. Einem Pilger sei verziehen, dass er sich an diesem Ort nicht lange aufhält.

Vier Kilometer westlich der Stadt in Richtung Nazareth hat im Juli 1187 n. Chr. mit der entscheidenden Schlacht "an den Hörnern von Hattin" das Ende der Vorherrschaft der Kreuzritter im Heiligen Land begonnen.

Vorausgegangen war 1186 n. Chr. der Bruch eines Waffenstillstandsabkommens zwischen Christen und Moslems durch den Kreuzritter Rainald von Châtillon, den Beherrscher des Ostjordanlandes. Dieser hatte eine große arabische Karawane, die mit kostbarer Ware durch sein Gebiet zog, überfallen, den gesamten Begleitschutz niedergemetzelt und die Kaufleute in die Gefangenschaft geführt. Sultan Saladin forderte vergeblich Schadensersatz und sofortige Freilassung der Gefangenen. – Südlich des Sees Genezareth überschritt dann Saladin Anfang Juli 1187 mit einer großen Streitmacht den Jordan, besetzte Tiberias und schlug sein Lager unterhalb der Hörner von Hattin in einer wasserreichen Aue auf. Die Kreuzritter zogen ihm unter der Führung Balduins II. von Jerusalem, der den Fürsten Rainald nicht zum Einlenken bewegen konnte, mit 1200 Rittern, 2000 einheimischen Reitern und 10.000 Mann Fußvolk von Zipori aus entgegen. Auf dem Plateau zwischen den beiden Kratergipfeln von Hattin ließen sie sich am Abend des 3. Juli 1187, von Hitze und Durst erschöpft nieder. Noch in der Nacht wurden die Kreuzritter von den Arabern eingeschlossen und im Morgengrauen angegriffen. Der arabische Chronist Ibnel-Athir berichtet (nach Gorys, a. a. O., S. 247):

"Am Samstagmorgen ritten die Moslems in Schlachtordnung aus ihrem Lager. Auch die Franken rückten vor, aber schon geschwächt durch den Durst, der sie quälte. Von der einen wie von der anderen Seite begann der Kampf mit Wut. Die moslemische Linie schoss eine Wolke von Pfeilen, ähnlich einer Wolke von Heuschrecken. Die Pfeile richteten große Verwüstung unter den christlichen Reitern an. Das christliche Fußvolk hatte sich in Vormarsch gesetzt, um an den See zu kommen und dort Wasser zu schöpfen ...

Das christliche Heer war in einer furchtbaren Lage. Da der Boden, auf dem es kämpfte, mit Heidekraut und trockenem Gras bedeckt war, legten die Moslems Feuer und entfachten einen gewaltigen Brand. So vereinigte sich alles gegen die Christen, der Rauch, die Hitze des Feuers, die des Tages und die des Kampfes. Als sie schließlich sahen, dass es keine Rettung gab, stürzten die sich mit solchem Ungestüm auf die Moslems, dass man ihnen ohne die Hilfe Allahs nicht hätte widerstehen können. Bei jedem Angriff verloren sie jedoch Leute und schwächten sich; endlich wurden sie von allen Seiten eingekreist und auf einen benachbarten Hügel zurückgedrängt ...

Der König (Balduin) hatte auf dem Hügel bald nur mehr hundertfünfzig der tapfersten Reiter um sich. Die Tapferen, die um ihn waren, warfen sich auf uns und trieben die Moslems bis zum Fuß des Hügels zurück. 'Macht, dass der Teufel lügt!', schrie Saladin den Soldaten zu und fasste in seinen Bart. Bei diesem Wort stürzte sich unser Heer auf den Feind und trieb ihn wieder auf den oberen Teil des Hügels. So ging das mehrmals hinauf und hinab. Plötzlich sank die Standarte des Königs. Sogleich stieg Saladin vom Pferd, warf sich vor Allah nieder und dankte ihm unter Freudentränen.

Alle Christen, die sich noch auf dem Hügel befanden, wurden gefangen genommen ... Wer die Toten sah, glaubte nicht, dass es Gefangene gab, und wer die Gefangenen sah, glaubt nicht, dass es Tote gab. Niemals seit ihrem Einfall in Palästina hatten die Franken eine solche Niederlage erlitten."

Dieser auch stilistisch hervorragende Bericht dürfte das geschichtsträchtige Ereignis treffend wiedergeben.

Saladin erfüllte unmittelbar nach der Gefangennahme der restlichen Kreuzritter – unter ihnen auch der König – seinen Schwur und hieb dem Schurken Rainald von Châtillon eigenhändig in seinem Zelt, in das man den König und den Fürsten Rainald gefesselt geführt hatte, den Kopf ab.

Der König und die übrigen gefangenen Kreuzritter wurden nach Damaskus gebracht und später gegen hohe Lösegelder freigelassen. Das Fußvolk kam auf den Sklavenmarkt, und Saladin begann, Palästina von den Kreuzrittern zu befreien.

Mit diesem Hinweis auf die Schlacht bei den Hörnern von Hattin greife ich wieder – bedingt durch die Örtlichkeit, die ich durchfahre – dem Ende des 1. Kreuzzuges, auf dessen Spuren ich vornehmlich bin, vor. So werde ich also schon hier in Tiberias an das "Aus" der so genannten Befreiung des Heiligen Landes von der Vorherrschaft des Islam durch die Kreuzritter erinnert.

19. In der Wüste westlich des Jordan

29. August:
Mein Kilometerzähler zeigt 5359 Kilometer an. Wenn ich die Fehlerquote von 3 % abziehe, verbleiben für die Strecke von Bergisch Gladbach bis zum See Genezareth 5198 Kilometer.

Die nur langsam nachlassenden Beschwerden der Diarrhö zwingen mich, auf dem schnellsten Weg in Richtung Jericho – Jerusalem zu fahren. Besuche der Verklärungskirche auf dem Berge Tabor, der Kreuzritterfestung Belvoir, der Stadt Nazareth und der Ausgrabungen von Bet-Sheàn werden von meinem Programm gestrichen.

Ich wähle die hügelige Wüstenstraße, die mir als die kürzeste Wegstrecke erscheint, und fahre vorbei an Stacheldraht, zerschossenen Häusern und ausgebrannten Panzern aus dem Sechs-Tage-Krieg. Fotos darf ich nicht machen, argwöhnisches Militär ist überall. Vom fruchtbaren Jordantal sehe ich nur etwas in der Ferne.

Es ist ein harter Ritt auf meinem Drahtesel durch das Auf und Ab der Ausläufer der östlichen Berge Samarias. Hier irgendwo hat Jesus nach seiner Taufe im Jordan und vor seinem Wirken das Tal verlassen und sich zum Gebet und zum Fasten in die Wüste zurückgezogen (Mt 4,1, "Da ward Jesus vom Geist in die Wüste geführt, auf dass er vom Teufel versucht würde. Und da er 40 Tage und Nächte gefastet hatte, hungerte ihn. Und der Versucher trat zu ihm ...", vgl. auch Mk 1,12).

In diesem lebensfeindlichen Raum, so wird mir in der Stille und Hitze bewusst, hat also unser Glaube seine

Wüste westlich des Jordan

Wurzel. Auch Mose erhielt die ersten Offenbarungen in der Wüsteneinsamkeit des Berges Horeb, als sein Gott Jahwe, der "Ich-bin-da", aus einem Dornbusch zu ihm sprach. Und der Prophet Mohammed erfährt so seine ersten Visionen in einer Wüstennacht am Berge Hira. Ist es also überzogen, wenn ich sage, dass die Wüste monotheistische Züge hat? Offensichtlich konnte sich der Glaube an nur einen Gott nur in der Wüste entwickeln. Das Judentum, das Christentum und der Islam haben ihren Ursprung in der Wüste und in der Wanderung durch die Wüste.

Die Götter der Fruchtbarkeit, wie wir sie von den meisten polytheistischen Religionen her kennen, fanden in dem Chaos und der Öde der Wüste keine Heimat. Sie entstanden in Gebieten, in denen üppige Vegetation den Gauben an viele Götter begünstigte (Gerlitz, a. a. O., S. 60). In der Wüste kann man nur an den glauben, der Herr ist über die Unnatur und der die Macht besitzt, selbst über "dem Ort des Sterbens zum Gott des Lebens zu werden".

Hier in der Wüste lässt sich zwar Jahwe nicht an einem Ort lokalisieren und festmachen, was viele Menschen gern möchten, aber ER ist da, wo Menschen dem Heiligen noch genügend Raum geben. Dazu lädt eine Wüste geradezu ein. "Dem Heiligen Raum" geben kann der, der allein eine mehrwöchige Pilgerfahrt macht und in Kauf nimmt, für verrückt erklärt zu werden. Auch wer Orte des Schweigens aufsucht, ist diesem ER, dem "Ich-bin-da" nahe. Nur "einer Gesellschaft, der nichts mehr heilig ist, die alles in den Dreck zieht, ist die Dimension des Heiligen abhanden gekommen und deshalb auch die Wirklichkeit Gottes", so hörte ich kürzlich in einer Predigt. Viele Menschen wissen ja nicht mehr, was Stille ist. Wer kommt denn heute noch zur Ruhe?

Wer diesen Gott, der übrigens ein rettender Gott ist, der gekommen ist, um die Menschen zu erlösen, in der Dimension des Heiligen und des Schweigens erfahren will, der braucht wie ein Pilger sehr viel Geduld. Auch das ist vielen Menschen fremd geworden. Alles muss gleich funktionieren und perfekt sein. Ich spreche mich von der Ungeduld nicht frei. In diesen 9 Wochen aber lasse ich mich ein auf die Unendlichkeit der Wirklichkeit, auf das Schweigen und das Heilige, auch wenn es nicht immer leicht fällt. Vielleicht lerne ich dabei, nicht nur Geduld mit meinen Mitmenschen, sondern auch mit mir selbst zu üben. Schon an den einförmigen Wüstenhügeln kann ich üben: Hier breitet sich die unendliche Zeit aus. Wenn man auf einen Hügel hinauffährt, denkt man: Vielleicht ist das die letzte Kuppe, da wird etwas passieren. Aber nichts passiert. Es kommt noch ein Hügel und noch einer und so fort.

Aber irgendwann endet diese "Durchgangsstation" auch für mich. – Durchgangsstation war sie auch seit Jahrtausenden für die Völker des Orients. Die Israeliten, die Moslems, die Christen sind wandernde Gottesvölker, die ein dynamischer, nicht statischer Gott durch die Zeiten begleitet, ohne ihnen von der Seite zu weichen. Diese Wüstentradition, so sagt Gerlitz (a. a. O., S. 61), ist noch immer lebendig geblieben.

Das vorläufige Ende der Wüste kommt heute kurz vor Jericho. Es beginnt eine steppenartige Landschaft, die bald nach einer leichten Abfahrt von den letzten Hügeln in eine fruchtbare, auch im Sommer grüne Oasenlandschaft übergeht.

Jericho, die seit 1994 vorübergehende "Hauptstadt" des entstehenden Palästinenserstaates, breitet sich in einer großen Tiefebene vor mir aus. Der Stadtkern ist umgeben von Bananen-, Datteln- und Orangenfeldern. Am Nordrand der Stadt fahre ich zunächst an den Ruinen des Hisham Palace und des biblischen Jericho vorbei, um ins Zentrum zu kommen. Ich sehne mich nach einem Zimmer mit Nasszelle. Freundliche Araber weisen mich zum Hotel Hisham Palace, das aber im Vergleich zum antiken Hisham Palace sicherlich einiges zu wünschen übrig lässt. Aber der große, alte Bau ist ruhig gelegen, sauber und preiswert – und von jungen Männern gut geführt.

Der Abend dieses 29. August bleibt sicherlich lange in guter Erinnerung: Zum Abendessen werde ich in den von den Straßen abgeschirmten und mit Küche, Vorratsräumen und Bar umbauten grünen Innenhof gebeten. Ich bin und bleibe auch der einzige Gast, aber der junge Küchenmeister kommt immer wieder an meinen Tisch und erklärt mir seine Leckereien. Vorsichtig wage ich die Frage, ob es auch Wein zu trinken gäbe. Man rät mir, das reichliche Angebot im nächsten Tabakladen, nur 50 m vom Hotel entfernt, zu prüfen. Die Speisevorbereitungen würden sowieso noch dauern. Mit einem Roten aus Betlehem kehre ich schnellen Schrittes zurück. Und bald wird genüsslich gespeist und der samtweiche, vollmundige Wein verkostet. – Wie lautet doch noch der Spruch auf einer Inschrift in Gonzar am spanischen Jakobsweg? Ich erinnere mich nur noch schwach: "Ein Pilger ist anspruchslos, genügsam und bescheiden!" Ob es unser Herrgott so genau nimmt?

30. August:
Ich sitze frühmorgens um 6.45 Uhr auf dem kleinen Balkon des Jerichoer Hotels und beende meine Eintragungen vom gestrigen Tage. – Ich war im Morgengrauen wach geworden und hatte auf meinem Kopfkissen ein undefinierbares Etwas gespürt. Dünner Deckenputz hatte sich gelöst und lag im ganzen Zimmer verstreut. War das der Beweis für ein leichtes, entferntes Erdbeben? An Schlaf ist nicht mehr zu denken.

Jetzt suche ich mir zunächst eine kleine Imbissbar fürs Frühstück und dann lasse ich mich per Taxi zu den Ausgrabungen von Alt-Jericho fahren.

Wer kennt sie nicht, die Geschichte jener biblischen Trompeten Josuas, deren mächtiger Klang die Befestigungsmauern etwa 1300 v. Chr. zum Einsturz gebracht haben soll?

Die Ausgrabungen des alten Jericho belegen, dass es in seiner 10.000-jährigen Geschichte zwanzigmal zerstört wurde. Es wurde auch immer wieder aufgebaut. Eine solch große, fruchtbare Oase wirkt eben wie ein Magnet. Im Ausgrabungsgelände kann ich mir nur einen groben Überblick verschaffen. Das Erkennen der einzelnen Epochen bleibt den Wissenschaftlern vorbehalten.

Zurück in die Stadt gehe ich zu Fuß. Rechts und links der breiten Straße reihen sich die Villen in einer Parklandschaft aneinander. Die drei Kilometer Fußmarsch erinnern mich an die Verheißung: "Ihr werdet ein Land finden, wo Milch und Honig fließt."

Zum Toten Meer ist es von Jericho aus nicht mehr weit. Aber die einzige Straße dorthin führt durch eine öde,

Annakirche und Zisterne in Jerusalem

heiße Wüste. Ich muss auf den 17 km mehrere Trinkpausen einlegen. Es ist unverkennbar, dass es mit meinen physischen Restreserven zur Neige geht. Da hilft auch der kleine Adrenalinstoß nicht mehr viel, den die Bemerkung der hübschen Kassiererin am Eingang des Schwimmbades auslöst, als nach den üblichen Fragen ich wieder das altvertraute "strong man" höre.

Vom Toten Meer aus, dessen salziges, seifiges und lauwarmes Wasser mich keineswegs erfrischt, kommt dann von 394 m unter dem Meeresspiegel bis auf 800 m über N.N. zum Schluss meiner 5300 km langen Fahrradpilgerfahrt nun ein hartes Stück Weg. Die Strecke beträgt zwar nur 35 km, aber in glühender Mittagshitze benötige ich dafür die Zeit von 12.30 bis 17.00 Uhr. Jetzt wird meine Pilgerfahrt wohl oder übel – mehr übel als wohl – doch noch zu einer Bußwallfahrt.

20. Geschafft! – In der "Stadt des Friedens"

Ich bin froh, dankbar und glücklich, als ich endlich in Jerusalem vor dem Damaskustor stehe.

Durch die Al-Wad sind es nur noch 200 m bis zum österreichischen Hospiz an der Via Dolorosa. Anhand des mitgeführten Stadtplans orientiere ich mich. Dann lasse ich übermütig mein Fahrrad die vielen breiten Stufen zum Damaskustor hinunterplumpsen. Der Pilgersegen hängt aber immer noch über mir. Die Speichen der Räder halten auch das noch aus, und ich bin nicht mehr überrascht, als mich mitten im Gedränge der Al-Wad ein junges Pärchen in Deutsch fragt, ob sie mir weiterhelfen können. Es ist kaum zu glauben: Sie wohnen auch im österreichischen Hospiz. Sie begleiten mich, klingeln, melden mich an und halten die schwere Tür auf. Dann empfehlen sie sich bis zum Abend. Sie wollen noch einen Bummel durch die Altstadt machen. Wie vorbestellt, bekomme ich das wohl schönste Zimmer. Jemand hat kurzfristig abgesagt. So etwas nennt man Pilgerglück! Der "Salon" hat einen zimmerbreiten Arkadenbalkon und der Blick über die Jerusalemer Altstadt – von der goldenen Kuppel des Felsendoms bis zu den beiden Kuppeln der Grabeskirche und zum Glockenturm der Salvatorkirche – ist bei untergehender Sonne beeindruckend.

Mir fallen die Worte Jesu ein, als er Klage führte über Jerusalem (Mt 23,37): "Wie oft habe ich deine Kinder versammeln wollen, wie eine Henne ihre Küken unter ihre Flügel, und du hast nicht gewollt." – Der Wehruf galt der "Stadt des Friedens". Diese Bedeutung hat der hebräische Name Yerushalayim. Im Arabischen heißt sie El Quds, die Heilige. Doch nicht Frieden, sondern Krieg ist kennzeichnend für Jerusalem. Sechsunddreißigmal wurde die Stadt von Kriegen heimgesucht. Sie wurde mehr als dutzend Mal zerstört, und immer wieder aufgebaut. Nach dem Sechs-Tage-Krieg annektierte Israel 1967 die Altstadt und machte ganz Jerusalem zur Hauptstadt.

Die Vereinten Nationen erkannten die Annexion nie an.

Jerusalem: drei Religionen, zwei Völker, drei Nationen, eine Stadt! Da bleiben Koexistenz und Frieden Wunschvorstellungen, solange Ultraorthodoxe und Fundamentalisten solche Worte nicht kennen.

Es ist schon Abend, als ich in normalem Zivilistenlook zur Grabeskirche gehe. Ich bin einer der Letzten, die heute noch hineingelassen werden. Ohne von Touristenmassen gestört zu werden, kann ich in Ruhe und Andacht die Heiligen Stätten im Innern der Grabeskirche besuchen und meinem Herrgott dafür danken, dass ich das Ziel meiner Pilgerfahrt erreicht habe. Bevor ich mein Tagebuch mit den Eintragungen der folgenden Tage fortführe, sollte ich kurz von Ziel und Abschluss des 1. Kreuzzuges berichten. Mir ist für das Begreifen und Verstehen der Schlussphase folgende grundsätzliche Vorbemerkung wichtig:

Alles Geschehen hat bekanntlich seinen Ursprung, und wir sehen die Dinge nicht in ihrer eigentlichen Wahrheit, wenn wir bei einer Feststellung, bei einem Fakt stehen bleiben, ohne zur Quelle vorzudringen. Das ist ein Gebot der geschichtlichen Wahrheit!

Grabeskirche in Jerusalem

Wir erinnern uns, dass die fränkischen Heere ohne Bohemond und seine normannischen Krieger (sie beendeten den Kreuzzug in Antiochia) stark geschwächt ihren Zug nach Jerusalem fortsetzten. Die Kreuzfahrer zogen an der Küste entlang. Am 7. Juni 1099 n. Chr., fast drei Jahre nach dem Aufbruch, stehen die Kreuzritter vor Jerusalem.

Der ägyptische Statthalter Iftikhar al-Daula (der Stolz des Landes) hatte zuvor alle Bäume im Umkreis von mehreren Kilometern fällen lassen, um zu verhindern, dass die anrückenden Ritter Katapulte und Belagerungstürme bauen konnten. Die Situation der Belagerer wird schnell unerträglich. Die Sonne brennt unerbittlich. Die Brunnen sind mit Kadavern vergiftet. Die Moslems legen Hinterhalte, wenn nach Wasserquellen oder Baumaterial gesucht wird. Bei der von den Priestern angeordneten Barfußprozession des gesamten Heeres um die Wälle der ganzen Stadt ernten die Franken Hohn und Spott. Dabei müssen sie sich der Pfeile und des so genannten griechischen Feuers (eine Art Flammenwerfer) erwehren. Und das Schlimmste von allem: Die Büßer müssen machtlos und beschämt zusehen, wie die Moslems auf den Zinnen vor Holzkreuzen urinieren. All diese Demütigungen sind nicht vergessen, nein, sie eskalieren, als am 14. Juli 1099 unter dem Oberbefehl Gottfrieds von Bouillon das Kreuzritterheer die Stadt erstürmt.

Man kann sich, wenn man die Vorgeschichte außer Acht lässt, also nicht zu den Quellen vordringt (vgl. oben), wie das so manche Kritiker der Kreuzzüge tun, unmöglich vorstellen, was in den Köpfen der Kreuzritter vor sich ging, als sie mordend in die Stadt eindrangen und, wie der Chronist Fulcher von Chartres damals schrieb, mit gezücktem Schwert durch die Stadt liefen und niemanden verschonten, auch diejenigen nicht, die um Gnade baten.

Die einzigen Moslems, die mit dem Leben davon kamen, waren der ägyptische Heerführer mit seiner Leibwache, die im Davidsturm gegen freies Geleit die Kapitulation anboten.

Tankret plünderte den Felsendom und trieb die Moslems, die sich auf den Tempelberg geflüchtet hatten, in die Al-Aqsa-Moschee. Dort wurden sie am nächsten Morgen niedergemetzelt. Zur selben Zeit wurde auch die Synagoge niedergebrannt. Die Juden, die sich dorthin geflüchtet hatten, verbrannten bei lebendigem Leibe. Das war nicht das übliche Plündern einer Eroberungsarmee, das war ein "rituelles Gemetzel". Fulcher von Chartres gibt eine bemerkenswerte Erklärung: "Sie (die Kreuzfahrer, d. Verf.) wünschten, dass dieser Ort (Jerusalem, d. Verf.), der so lange vom Aberglauben der heidnischen Bewohner verunreinigt worden war, von ihrem Gift gereinigt werden sollte."

Es sollte noch darauf hingewiesen werden, dass sich die Historiker darin einig sind, dass die Kreuzritter tiefgläubige Menschen waren und davon überzeugt waren, dass sie das Richtige taten. So gesehen entwickelten die Kreuzzüge, wie ein Historiker einmal sagte, neue Kräfte der rechtmäßigen Brutalität. – "Deus vult! – Gott will es!", war ihr Schlachtruf. Die Losung Bernhards von Clairvaux im Aufruf zum 2. Kreuzzug soll gelautet haben: "... Vollkommene Ausrottung der Heiden – oder sichere Bekehrung ..." (vgl. Precht, a. a. O.) Belegt sind seine Schmähworte: "... Wollt ihr das Heilige den Hunden überlassen, die Perlen den Säuen?" (Arno Paffrath, a. a. O., S. 433).

Das Zerrbild fundamentalistischer, terroristischer Gotteskrieger wird wach!

So ist die Spur des 1. Kreuzzugs in Jerusalem doch zu einer Blutspur geworden. Rational ist diesem "Virus des Bösen, das im Herzen jeder Kultur sitzt", wie es der französische Denker Jean Baudillard einmal sagte, meines Erachtens allerdings nicht beizukommen.

31. August:
Wer als Pilger nach wochenlanger Wanderschaft getreu dem Liedtext "Wir sind nur Gast auf Erden und wandern ohne Ruh ..." das Endziel seines Pilgerwegs erreicht hat, den zieht es nach dem Besuch der Heiligen Stätten mächtig nach Hause. Das mag für Bus- und Flugzeugwallfahrer unverständlich klingen; aber das wird von allen "Langzeitpilgern" gleichermaßen empfunden. Auch die polnischen Fußpilger, die ich in der Türkei traf, bestätigten mir das.

Also ist das Buchen des Rückflugs heute meine erste Aufgabe. Bei der Lufthansa in Tel Aviv habe ich Glück. Meine Maschine fliegt am 4. September nachmittags. Mir bleiben also für Jerusalem und Bethlehem vier Tage.

Jetzt kann ich beruhigt zum Tempelberg gehen. Am Nordtor, für mich die kürzeste Wegstrecke, werde ich abgewiesen. Hier im moslemischen Viertel werden nur Araber hineingelassen. Auf der Touristenrampe südlich der Klagemauer reihe ich mich in eine lange Warteschlange ein. An der Kontrollstelle angekommen, wird meine Lenkstangentasche, die ich mit einem breiten

Gurt geschultert habe, durchwühlt. Der Soldat wird fündig: Er zieht mein kleines NT heraus, hält es hoch und ruft laut: "Da ist ja eine Bibel!" Ich schaue ihn an, weise auf den Felsendom und mache dem jungen Mann deutlich, dass dort jeder beten darf, auch ein Christ aus der Bibel. – Ohne ein weiteres Wort steckt der Kontrolleur das Büchlein in meine Tasche und lässt mich passieren.

Der Felsendom soll der schönste und prächtigste Kuppelbau der Welt sein. Er wölbt sich behütend über den Altar Abrahams und Davids. Die Kreuzfahrer haben den Felsendom zur Kirche gemacht, Saladin gab ihn dem Islam zurück. Ich muss gestehen, dass ich im Innern des Sakralbaus wegen der vielen Besucher und der Pracht der goldgrundigen Mosaiken, wegen der großartig geschnitzten und mit Farbe ausgelegten Holzverkleidung der Decke, wegen der vergoldeten Stuckarabesken der Kuppel, der farbigen Glasfenster, die das Innere in ein mystisch anmutendes Dämmerlicht tauchen, wegen der kostbaren Teppiche ... und wegen vieler Dinge mehr, die mich ablenkten, nicht zum Beten des Psalms 122 gekommen bin.

Dem unbehauenen Fels, vor dem ich nun stehe, messen also die jüdische, die christliche und die muslimische Überlieferung sakrale Bedeutung bei. An diesem Ort soll Abraham seinen Sohn Isaak Gott zum Opfer dargeboten haben. Von hier aus soll der Prophet Mohammed auf einer Leiter des Lichts in den siebten Himmel gestiegen sein. Zweimal in der Woche, so habe ich gelesen, wird dieser sagenumwobene Fels mit Rosenwasser und Weihrauch gereinigt.

Die Al-Aqsa-Moschee ist das größte Bauwerk auf dem Tempelberg. Sie wurde von den Kreuzfahrern eine ge-

Der Felsendom, äußere Wandkapelle

raume Zeit als Königspalast genutzt. Dann wurde sie einem fränkischen Ritter zur Verfügung gestellt, der 1119 n. Chr. dort zum Schutz der Jerusalempilger den Templerorden gründete. Seit 1187 ruft wieder der Muezzin zum Gebet. Mein Verweilen in der Al-Aqsa-Moschee ist zeitlich begrenzt. In der Mittagszeit ist der Sakralbau geschlossen. Ich kann im Innern nur eine kurze Zeit in Stille stehen und staunen.

Mein Tagebuch weist für die folgenden Tage bis zu meiner Abfahrt mit dem Fahrrad nach Tel Aviv im Wesentlichen nur summarische Eintragungen auf. Daran will ich mich auch in dieser Reinschrift halten.

Die Via Dolorosa bin ich mehrmals mehr in Gedanken über das Erlebte als im Rosenkranzgebet versunken gegangen. Ich besuchte die Annakirche mit den Ausgrabungen des Bethesdabrunnens und der Thermen. Das jüdische Viertel und das arabische Viertel habe ich mir angeschaut, und ich habe der Zitadelle mit einer Ausstellung über die jahrtausendalte Geschichte der Stadt Jerusalem einen Besuch abgestattet.

Am 1. September konnte ich morgens in der Gethsemanikirche, auch Kirche der Nationen genannt, an einem katholischen Gottesdienst mit einer kleinen englischen Pilgergruppe teilnehmen. Ein Besuch des Gethsemanigartens und des Ölbergs schloss sich an.

Am Nachmittag bin ich mit dem Fahrrad nach Betlehem gefahren. Die Geburtskirche, ein fünfschiffiger Bau aus konstantinischer Zeit, ist über der Stelle errichtet worden, an der die Krippe gestanden haben soll. Betreten kann man die Basilika nur durch eine lediglich 1,20 m hohe und 0,79 m breite Öffnung, die die Kreuzritter aus strategischen Gründen gebaut und uns so hinterlassen haben sollen. Wer als Mitteleuropäer während der heißen Sommerzeit nach Betlehem kommt, läuft Gefahr, dass ihm die alljährliche Freude am Weihnachtsfest vergällt wird. Mir war zwar bewusst, dass ich den mir seit meiner Kindheit liebgewonnenen Stall oder die Felsengrotte nicht mehr vorfinden würde, aber wie hat man mit An- und Umbauten, mit Überbauten und Untergrundaushöhlungen im Laufe der Jahrhunderte dem ehemals sicher schlichten Ort Gewalt angetan! Nun, ich bleibe für den Rest meines Lebens bei meiner Krippe und dem Stall, wie ich ihn vor 55 Jahren mir und ähnlich unlängst meinen Enkeln gebastelt habe. Ich brauche dieses Betlehem der Gigantomanie nicht. Ich habe nach dem Besuch einer schlichten Sakramentskapelle etwas fluchtartig den gewaltigen Geburtskirchenkomplex durch das Schlupfloch verlassen, das die Kreuzritter dem Besucher gelassen haben.

Mit diesem baugeschichtlichen Hinweis auf die Besonderheit der Eingangstür zur Geburtskirche komme ich noch einmal auf die Kreuzritterepoche zurück:

Für die christlichen Pilger wären die Stätten ihres Glaubens in Jerusalem ohne die Kreuzritter des 11. und 12. Jahrhunderts nicht das, was sie heute sind. Die Spuren der Kreuzritter beginnen gleich an der Pforte des österreichischen Hospiz: Die Via Dolorosa ist von den Kreuzrittern angelegt worden. Auch die Stationskapellen, wie z. B. die Kapelle der Flagellatio (Geißelung) sind im unverfälschten Stil der fränkischen Bauweise erhalten. Dazu zählt auch das besterhaltene Werk der Kreuzritter, die Annakirche. Auch die Grabeskirche, Anastasis (griech.: Auferstehung) genannt, das Haupt-

Damaskustor in Jerusalem

heiligtum der Christen, wurde von 1140 bis 1149 von den Kreuzfahrern errichtet. Als die Kreuzritter Jerusalem 1099 eroberten, war von der Auferstehungskirche des Kaisers Konstantin aus dem 4. Jahrhundert nur noch wenig erhalten. 969 hatten moslemische Truppen das, was seit ihrer Eroberung übrig geblieben war, in Brand gesteckt. Der monumentale normannische Neubau von 1149 umfasst den Golgotafelsen und das Grab.

An den Schluss einer Wallfahrt gehört ein Wallfahrtslied. Von den 15 Psalmen des Alten Testaments, die als Wallfahrtslieder tituliert sind, dürfte der Psalm 122 als wirkliches Wallfahrtslied gedacht sein. Er wurde als Gruß der festlich gestimmten Pilger bei ihrem Einzug in Jerusalem gesungen. Zwar nicht festlich, aber doch frohgestimmt "zog" ich, wie oben geschildert, in Jerusalem ein, aber der würdige Rahmen für das Rezitieren des Psalms fehlt, und da ich auch im Felsendom nicht die rechte Gelegenheit dazu fand, holte ich den "Gruß" an Jerusalem in der Kapelle des österreichischen Hospizes nach.

Ich freute mich, da man mir sagte:

Wir wallen zu Jahwes Haus!
Nun treten unsere Füße
unter deine Tore, Jerusalem!
Jerusalem, gebaut als Stadt,
festgeschlossen in sich zumal!
Dorthin ziehen die Stämme,
die Stämme Jahwes.
Gesetzt ist's für Israel,
(dort) Jahwes Namen zu preisen.
Dort stehen ja die Stühle zum Gericht,
die Throne für Davids Haus.

Erbittet Jerusalem Heil!
In Sicherheit seien deine Freunde!
Heil wohne in deinen Mauern,
Sicherheit in deinen Palästen!
Um meiner Brüder und Freunde willen
rufe ich: Heil in dir!
Ob des Hauses Jahwe, unseres Gottes,
will ich dir Glück erflehen!

Das im Gebet dieses Psalms auch von mir der Stadt Jerusalem erflehte Glück bleibt ein Wunschdenken: Drei Wochen nach meiner Heimkehr brach erneut zwischen den Israelis und den Palästinensern ein todbringender Konflikt aus. Sechs Monate später heißt es: Die Auseinandersetzungen spitzen sich zu, und beide Parteien bereiten sich auf einen langen Konflikt vor.

Mit dieser Hiobsbotschaft darf meine Erinnerung an eine neunwöchige Wallfahrt nicht enden. – Was mir bleibt, das ist die Pilgererfahrung. Ich habe die Lebenspilgerschaft des Christen symbolhaft durchwandert, und ich hoffe, dass ich – wie Rainer Maria Rilke einmal sagte – in den wachsenden Ringen, die sich über die Dinge ziehen, ein wenig vorangekommen bin.

Literaturverzeichnis

1. Bamm, Peter, Frühe Stätten der Christenheit, Lingen Verlag, Köln.

2. Gerlitz, P., Monotheismus, Merian Report, Jerusalem, Heft 12, S. 60 ff.

3. Gorys, Erhard, Heiliges Land, DuMont, Köln 1999.

4. Jones, Terry und Ereira Alan, Die Kreuzzüge, Knesebeck Verlag, 1995.

5. Linden, P., Annäherung an die Atacama, Kölner Stadtanzeiger, 14. 2. 2001, S. 37.

6. Malangré, Heinz, Auf Pilgerfahrt nach Santiago de Compostela, Verlag Butzon und Bercker, Kevelaer 1987.

7. Meisner, Joachim, Spuren Gottes auf unseren Wegen, Bernward Morus Verlag, Hildesheim 1993.

8. Metz, Claudia. Schubert, Klaus, Abgefahren, Kiepenheuer und Witsch, Köln 2001.

9. Milger, P., Krieg im Namen Gottes, C. Bertelsmann Verlag.

10. Paffrath, A., Bernhard von Clairvaux, Hrsg. Altenberger Dom-Verein e. V. 1984.

11. Pörtner, Rudolf, Operation Heiliges Grab, Econ Verlag, Düsseldorf-Wien 1977.

12. Precht, R. D., Eiferer mit Kreuz und Schwert, Kölner Stadtanzeiger, 6./7. 2. 1999, S. 4.

13. Rumiz, P., Der Rhythmus der Nomaden, Frankfurter Rundschau, 5. 4. 2001, S. 19.

14. Runciman, Steven, Geschichte der Kreuzzüge, C. Beck Verlag, München 1960.

15. Schönneshöfer, B., Geschichte des Bergischen Landes, Elberfeld 1895.

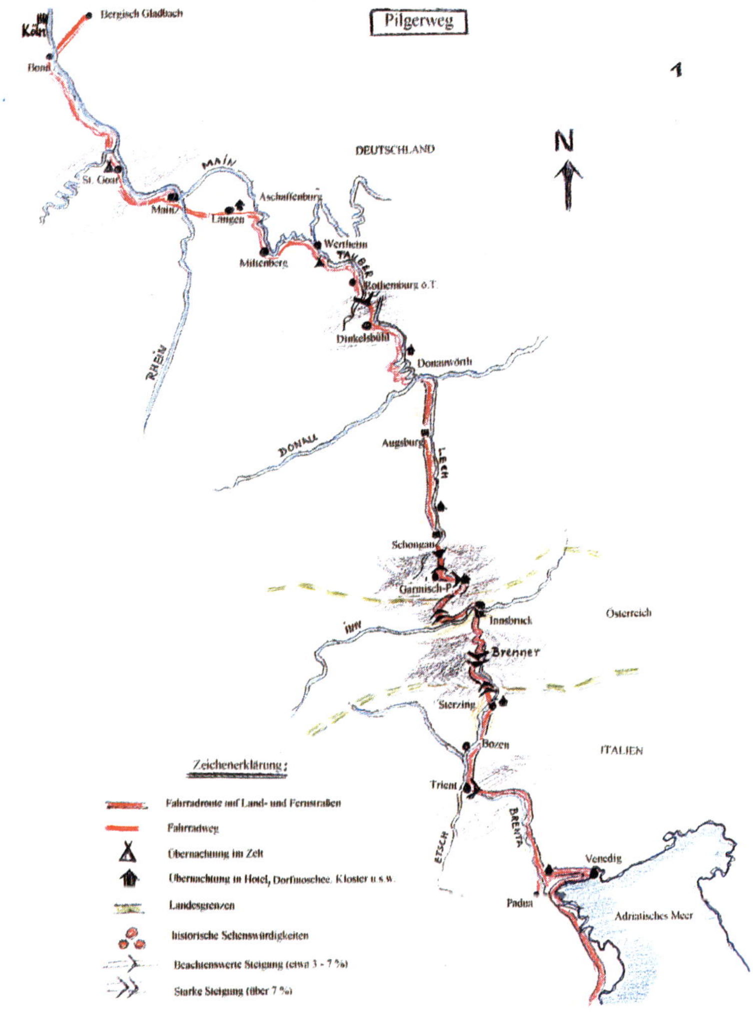
Pilgerweg
1
N
Köln
Bergisch Gladbach
Bonn
DEUTSCHLAND
St. Goar
MAIN
Mainz
Langen
Aschaffenburg
Wertheim
Miltenberg
TAUBER
Rothenburg o.T.
Dinkelsbühl
Donauwörth
RHEIN
DONAU
Augsburg
LECH
Schongau
Garmisch-P.
Innsbruck
Österreich
INN
Brenner
Sterzing
Bozen
ITALIEN
Trient
BRENTA
ETSCH
Venedig
Padua
Adriatisches Meer
Zeichenerklärung:
Fahrradroute auf Land- und Fernstraßen
Fahrradweg
Übernachtung im Zelt
Übernachtung in Hotel, Dorfmoschee, Kloster u.s.w.
Landesgrenzen
historische Sehenswürdigkeiten
Beachtenswerte Steigung (etwa 3 - 7 %)
Starke Steigung (über 7 %)

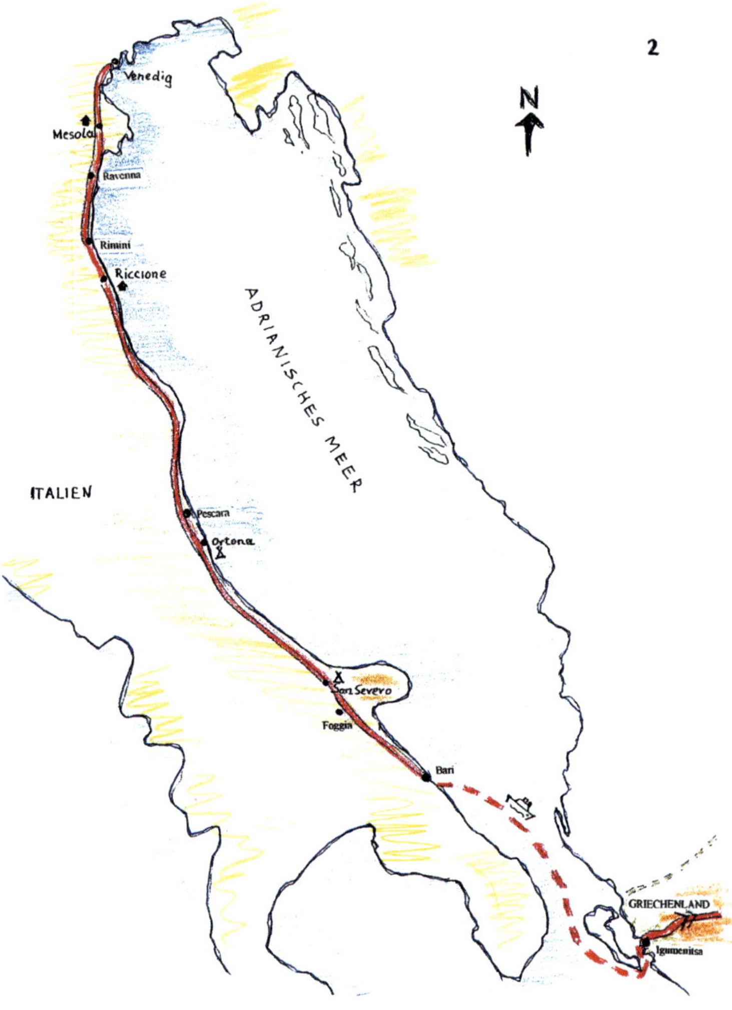
2
N
Venedig
Mesola
Ravenna
Rimini
Riccione
ADRIANISCHES MEER
ITALIEN
Pescara
Ortona
San Severo
Foggia
Bari
GRIECHENLAND
Igumenitsa

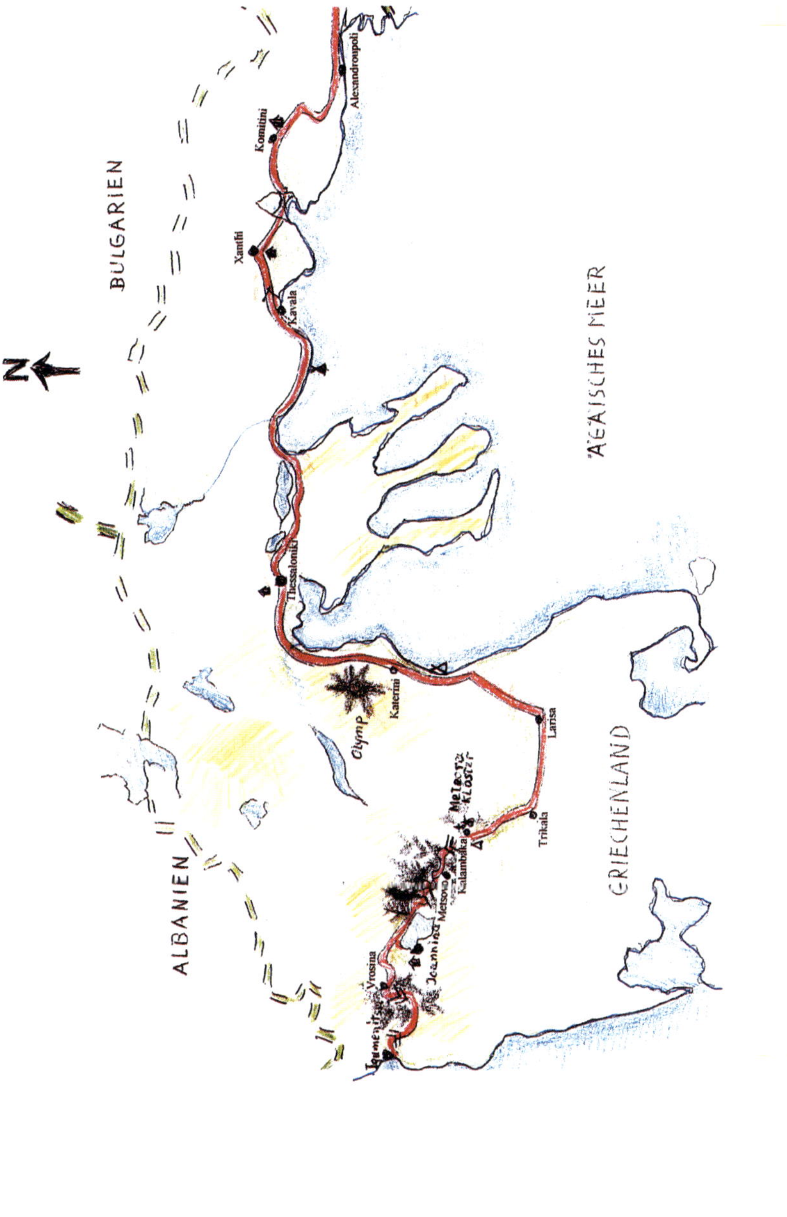

N
BULGARIEN
ALBANIEN
GRIECHENLAND
ÄGÄISCHES MEER
Alexandroupoli
Komitini
Xanthi
Kavala
Thessaloniki
Katerini
Olymp
Larisa
Trikala
Meteora Klöster
Kalambaka
Metsovo
Joannina
Vrosina
Igumenitsa

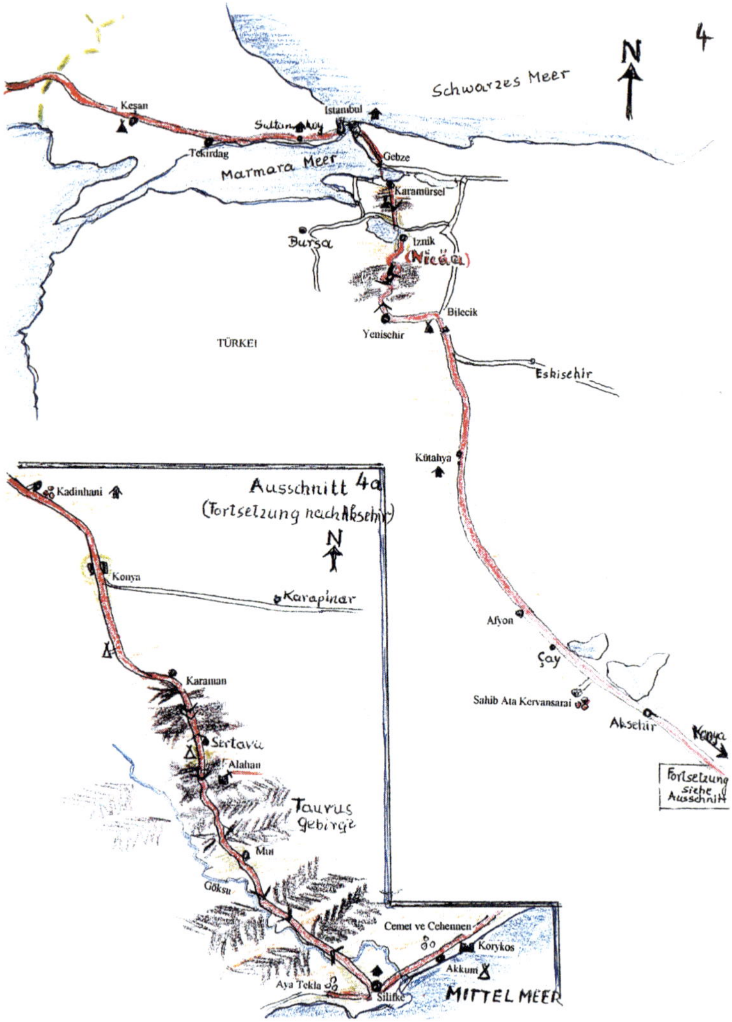
4
N
Schwarzes Meer
Kesan
Istanbul
Sultanköy
Tekirdag
Gebze
Marmara Meer
Karamürsel
Bursa
Iznik
(Nicäa)
Bilecik
Yenischir
TÜRKEI
Eskisehir
Kütahya
Afyon
Çay
Sahib Ata Kervansarai
Akşehir
Konya
Fortsetzung siehe Ausschnitt
Ausschnitt 4a
(Fortsetzung nach Akşehir)
N
Kadinhani
Konya
Karapinar
Karaman
Sertavu
Alahan
Taurus Gebirge
Mut
Göksu
Cemet ve Cehennen
Korykos
Akkum
Aya Tekla
Silifke
MITTEL MEER

N
Syrien
Orontes
Antiochia
Hatay (Antakya)
Iskenderun
Issos
Ceyhan
Adana
Tarsus
Mittelmeer
Icel
Kilikische Pforte
Taurus
Akkum

Dana Dayr Samàn
Aleppo
Antakya
N
Ebla
Hama
Krak des Chevaliers
Hims
Mittelmeer
SYRIEN
Yabroud
Beirut
Maaloula
Damaskus
Tabgha
Kaparnaum
Tiberias
See Genezareth
Irbid
Tel Aviv
Daráa
ISRAEL
Jericho
Jerusalem
JORDANIEN
Behlehem
Totes Meer